智汇 | 前瞻
WISDAN | 瞻

电通安吉斯集团 — 著

学林出版社
www.xuelinpress.com

谁最需要前瞻力？

很高兴您能翻开《智汇》的第三本。从第一本试刊到第二本《智汇·创新》再到现在这本《智汇·前瞻》，您将看到视频媒体的最新变化，比如直播、多屏和OTT；广告业的未来发展，例如广告媒体支出预测、广告数据应用和户外广告的新形态；以及关于消费者的变化，例如中国的男士新富阶层，等等。以上这些，都围绕着"创新与变化"的话题，这正是《智汇》自始至终关注的方向。

通过这本书，我们总结出这些变化主要发生在三个方面：一是市场和消费者的变化；二是媒体和广告主的变化；三是广告公司和广告行业的变化。这三个方面的变化互相依存、互为因果、相互联动，从而组成了整个传播业界的生态圈。

因为生态圈的不断变化，所以我们需要前瞻力，这样才能站在时代的浪尖，掌握未来。那么消费者、广告主和广告公司，谁应该走在最前面呢？有人说，市场千变万化，品牌层出不穷，广告主能够紧跟市场已经绝非易事；也有人说，消费者其实并不知道他们想要什么，所以需要市场营销人员引领他们，广告主应该走在最前面。

曾经，我们称自己为代理公司；现在，我们更应该把自己视作客户的商业伙伴。我们希望自己能够站在市场和品牌的前面：一方面，在观察到市场开始变化时，就要能够预测三年、五年之后的方向；另一方面，也要站在客户的角度，更细致、更深度地发掘品牌未来发展的方向，为客户指点迷津。以上这些，其实也是电通安吉斯一直努力的方向。

预见趋势，洞察未来，获得前瞻能力从来不是一件容易的事，这需要天时地利人和。如今是一个大数据、科技、市场洞察获得关注的时代，是我们的"天时"；我们身处一个蓬勃发展、对新技术和新工具需求旺盛的市场，这是"地利"；最难得的是"人和"，聪明、勤奋、洞察市场的人们积累起点点滴滴的智慧和经验，一步一个脚印地耕耘出更广阔的天地，而这本书就是我们诸多努力中的一小部分。

山岸纪宽
电通安吉斯集团中国首席执行官

策划 Curator

山岸纪宽 Motohiro Yamagishi

执行策划 Executive Curator

汪文 Wendy Wong

采编 Editorial（按中文姓氏字母顺序排列）

陈良怡 Meg Chen	罗莹 Eve Lo
陈晴 Elaine Chen	Patricia McDonald
陈玮玲 Genevieve Tan	王丹 Diana Wang
陈盈秀 Florence Chen	Sarah Weyman
Eric Fergusson	吴晓晶 Crystal Wu
华达 Da Hua	邬奕文 Even Wu
黄飞 Derek Huang	肖春俏 Rachel Xiao
黄欣雨 Rain Huang	闫昱磊 Kiko Yan
姜燕佳 Vicky Jiang	杨洁 Ava Yang
金晶 Chris Jin	张晔 Crystal Zhang
李琳琳 Lynn Li	赵亚非 Yafei Zhao
刘笃行 David Liu	

特约编辑 Contributing Editor

杨小薇

设计 Design

朱云雁 Yunyan Zhu

制作

维格文化

目录
Contents

对话 Dialogue

洞察 Insights

📢 观点 Views

33 新多屏世界的视频生态：一手内容　一手技术

中国正在进入基于互联网的多屏世界，视频生态将被重塑：终端越来越多元；内容日趋多元化和多渠道；消费者在多块屏幕间无缝切换。新视频生态带来了营销模式和格局的变化，真正实现交互，完成营+销的闭环。互联网+IP经济和网红直播成为新视频生态内容生产方式的最新趋势，而最新的跨屏技术解决方案是打通手机、平板、PC和OTT TV四块屏幕的桥梁，最终精准定位目标受众。

41 视频直播：兴起的现象级网络应用

2016年被称为中国网络直播的"元年"，用户不断增长，数百家直播平台涌现，视频直播全面爆发。80后、90后成为视频直播的主力人群，直播内容也在经历多元化的过程。视频直播的火爆在吸引了大量年轻用户之际，也受到品牌广告主的密切关注，品牌希望抓住年轻消费群体，思考和探索利用直播平台拉近消费者距离，传播品牌信息。

49 品牌商务逆势拯救商业街

在品牌商务时代，线上与线下交织成为零售业的必然趋势，新兴科技改变了内容与商务、购物和品牌故事的关系，互联网消弭了以往从品牌触动消费者到下单购买之间的距离，购物是时刻都可能发生的事件。品牌商务还为品牌创造了两种机遇：在每个品牌接触点都能够实现购买；在每个零售接触点都可以讲述品牌故事。

57 户外广告的突破口：场景体验感

移动互联网创造了更多线上线下突破，传统户外广告将变成一个引流甚至交易的平台，全新的O2O传播生态系统正在进入线上与线下整合的过程。"场景"与"体验"成为未来户外广告的两个核心概念。同时，移动大数据也在全力支持 O2O革新，为户外数据解决方案提供了可能。在新的O2O传播生态系统里，实时户外媒介构建了消费者体验平台，创新技术也正在打造户外的新奇体验。

趋势 Trends

65 从全球广告支出预测看区域动态及媒体趋势

凯络发布的2016年和2017年"全球广告支出预测"对全球广告市场前景维持了乐观态度，预计2016全年全球广告支出增幅达4.4%；2017年，预计全球广告支出增长势头依然旺盛，有望增长4.0%。随着中国进入经济新常态，广告支出增长态势也趋于平缓和稳定。报告强调了数字媒体的发展，指出数字媒体将会成为全球广告支出的驱动力。此外，电视、平面、广播、户外和电影院广告支出也都呈现出不同的发展趋势。

前瞻：数据再造带来广告革命

在数字经济时代，互联网与大数据携手而来、相伴而生，它们既是颠覆者，也是再造者——颠覆了传统广告业，也再造了广告营销业。

最初，整个广告行业为网络上涌现的海量消费者数据欢欣鼓舞，认为困扰行业多年的信息鸿沟被填平了，品牌终于可以找到自己的消费者了，能够知道他们想什么、喜欢什么、需要什么，双方可以实时交流、沟通。很快，广告业发现大数据带来机遇之际，更带来了颠覆与诸多挑战，许多问题无法沿用传统方式解决，而需要创立全新的战略、理念、规则、机制和平台，才能将大数据真正融入业务"血液"中。

近日，我们将三位电通安吉斯集团及旗下品牌数据业务负责人聚在一起，围绕在大数据带来的机遇与挑战之下如何制定与执行数据战略、搭建跨平台数据合作机制、营造企业数字氛围与数字文化、驱动数据创新等焦点问题展开了一场深入探讨。

Q 访谈者

金晶 CHRIS JIN
电通安吉斯集团中国区首席信息官

罗莹 EVE LO
电通安吉斯集团中国首席数据官
安索帕中国集团策略长 品商咨询策略群
安索帕为电通安吉斯旗下领先数字代理商

黄飞 DEREK HUANG
凯络亚太区洞察与研究负责人
凯络为电通安吉斯旗下领先媒介代理商

颠覆与再造

Q 我们知道电通安吉斯集团是中国领先的数字传播集团，并且在全球提出了"到2020年实现业务100%数字化"的战略目标。三位都是集团或者旗下代理公司在数据发展领域的专家，想和三位聊聊对数据发展趋势的看法。广告业和营销业从来都不缺少数据，是什么原因推动数据成为广告业的业务重心和核心，以及企业非常重要的长期战略投资？

C 随着技术高速发展以及大数据时代的来临，数据成为代理商的核心资源与核心能力，我们有更多机会运用独到的**消费者理解能力**和**数据整合能力**，帮助广告主推动数据和数字化业务变革。同时，技术持续推动着越来越多的自动化，让我们能够更多地关注数据背后的意义。

D 广告媒体行业本身就是伴随着数据成长起来的，媒介代理公司一直在与数据打交道，借助数据分析能力给客户提供更优化的服务，甚至借助数据进行结算。当然，在很多情况下，今天我们讲的数据其实是所谓的**大数据**，指由很多机器自动生成的数据。过去，我们是由数据产生洞察，再由洞察指导行动；今天，大数据让很多人激动的地方是：我们拿到一条数据，不用再经过复杂的人类思考，而是在人框定的指示下，经由机器的思考或指令就可以直接指导行动。

E Derek谈到大数据，我想谈一谈**新数据**。从前，广告和营销行业就有很多数据，比如宏观数据、消费者调研数据、营销数据、市场占有率等；现在随着科技发展，产生的新数据呈几何倍数增长。所谓新数据对品牌建立的最关键之处在于：可以帮助理解品牌与消费者的互动体验，这个数据是从前很难获取的。五到十年前，品牌要想知道与消费者的互动情况，除了进行问卷调研之外，别无方法。如今，消费者使用社交媒体、垂直网站等，这些媒体会记录消费者阅读、转发和回复的状态；消费者利用这些平台分享对品牌的种种体验，写下对产品、服务或传播的意见。品牌透过新数据可以与消费者实现过去无法实现的互动，有机会理解消费者的真实需求，然后提供适合的产品、服务或传播内容，这是新数据与以往数据最大的不同。在这个过程中，品牌把消费者纳入品牌整体架构的循环中，运用消费者分享与反馈的内容、意见修正产品、服务和传播内容，邀请消费者共建品牌，这就是"以数据为重心和核心的过程"。

Q 整个广告行业的业务在转向以数据为重心和核心的过程中，遇到了哪些挑战？又有哪些机遇？

E 我认为数据挑战主要来自三个方面：第一，如此多数据产生时，如何**收集**？在中国，我们需要以具体品牌为单位，联通BAT等数据孤岛。第二，数据收集回来后需要**解读、分析**，如此大量数据必须由机器分析，那么如何让机器读懂人话、看懂数据。第三，这些数据经过机器处理后，还需要数据解读者——分析师**进一步归纳、整合与分析**。目前，在国内人力资源市场，对数据分析师的需求远远大于供给，因此找到好的分析师，帮助他们顺利加入品牌搭建中也是一种挑战。与此同时，大数据带来的最重要的机遇是，从前营销人都在"猜"消费者，在猜测基础上制定策略，策略执行完之后也不知道背后的逻辑，而现在**因为数据的存在，就能找到各种商业要素的逻辑关系**。此外，我相信今后因为品牌足够了解消费者的需求，所以品牌和消费者不会再坐在桌子两端，而是会坐在一起：品牌提供满足消费者的东西，消费者则钱花得很开心，这也是机遇。

D 我想重点谈一下数据的整合。目前，数据归属各个数据商，广告公司往往并不天然拥有所有数据，那么如何站在客户的角度，对片面化的数据进行整合？这可能是整个行业面临的一大挑战。"数据整合"包含两个方面：第一是**数据本身的整合**，如何站在广告主角度对不同来源的数据进行跨平台整合。这非常复杂和困难，需要不断与各方沟通，还要做到符合法律，甚至往往技术已经退居次席。第二是**数据与业务流程的整合**。在这个层面，行业内还在探索。过去，广告业把数据当作协助思考的工具，居于辅助地位，数据并不是业务的重心和核心；今天，很多时候数据比人类思考所得还快、还准，数据贯穿整个业务流程，作用精准且富有创意。已经有很多的证据证明，**数据用得好，可能创造新的商业模式，实现空前的商业成功**。但是要想把数据真正嵌入业务流程，将涉及组织结构变革、技术结构变革、对应用和客户的深入洞察，乃至对于最后执行与落地的把握。

C 我同意两位的看法。互联网应用和创新以及数字化的加速发展，促成了媒体渠道的高度裂变，使得消费者足迹非常分散，要想全面了解市场和消费者行为，就要面对**信息的碎片化**；再加上巨无霸互联网公司媒体平台的**数据壁垒**和广告主**数字化转型业务的多样化**，给营销行业带来了多重挑战。正像两位所说，在我们的日常业务中，数据的整合分析以及从中解读出商业逻辑至关重要。从集团的层面出发，我们也在努力打通平台，实现资源互通，从而获得更为全面的分析和洞察。这也是我们成立电通安吉斯数据实验室（Dentsu Aegis Data Lab，简称：DADL）的初衷。这个大数据平台能够**整合在多个媒体平台上的各类信息**，应用数据和技术能力与工具，通过代理商对于数据的分析和洞察，真实地还原消费者画像。DADL也将会极大地助力于我们在2020年实现全面数字化的战略目标。

Q 就理念而言，整个行业对数据的认识到位吗？

C 毫无疑问，整个行业都对数据备加推崇，但是如何入手、怎样发挥代理商的数据能力，每个企业给出的答案并不都一样。**电通安吉斯认为数据不仅是业务的重心和核心，同时也是整个行业甚至是商业进化的催化剂，必须给予数据足够的战略地位。**为此，我们成立了中国数据管理委员会，成员来自集团内的不同代理商公司，其中也包括Eve所在的安索帕团队和Derek所在的凯络团队，协调各方资源，推动内部合作。我们还将通过DADL优化资源供给，更全面且深度地服务客户的数据业务，协助客户领跑数据市场。

E 认识到数据的重要性后，如何把数据用到商业决策上是需要重点思考的问题。这个过程要通过好几关，需要每个关口的人理念都到位，并且一定要有相应的投入。数据是集团的战略重点，也是安索帕致力发展的方向。2015年，我们提出了**"品牌商务"**理念，把数据置于足够高的战略位置。我们认为所有品牌的建设最终都要实现销售目标，品牌和商务本来就在同一链路上，以前它们中间之所以会断裂，是因为过去从产品设计到最终卖给消费者，要经过很长的链路，消费者的反馈要返回给品牌，又是很长的链路；现在，科技把品牌与商务之间的断裂弥补起来，过往任何一个时代都不能像现在这样：品牌建设和商务销售结合得如此紧密。要实现"品牌商务"就要借助科技与数据带给消费者真正需要的东西。

Q 公司与数据有关的企业文化是什么？

C 数据理念已经深深嵌入电通安吉斯的业务和员工脑海中，我们要建立用数据来思考消费者和推动业务发展的企业文化。我们在全球范围启动了新的运营模式，数据、分析和洞察是新的运营模式中很重要的一部分，包括促进集团内部不同代理商在数据上的横向合作。

D 电通安吉斯的企业价值观是：敏捷、开拓、雄心、负责、合作，其内涵恰恰就能说明在数字经济环境下我们的企业数据文化：面对今天纷繁复杂的世界，一定要有开拓精神，要有雄心去领导，在变化足够快时一定要敏捷，尽管其间有很多挑战，但要对事情负责。电通安吉斯是个大集团，如何实现不同端、不同来源、不同用途的数据整合，需要大家的合作。

E 安索帕作为电通安吉斯旗下的专业数字营销代理商，数字业务本身就是我们的专长领域，所以我们的业务人员对数据非常熟悉，数据文化和氛围在行

业内也较为领先。比如，我们很早就不限于单纯的数据收集，而是以数据为基础，更深一层去了解消费者的认知、行为、需求、体验，帮助品牌找到未来的发展机会，这已经形成了我们的工作习惯。

跨平台与合作机制

Q 如今，单一数据已经无法满足消费者洞察和品牌传播的需求，数据的融会贯通成为大势所趋。不过，现实中数据来源非常多元且庞杂，你认为跨平台的数据收集、分析与应用的意义是什么？面临的挑战是什么？

C 前面我提到**电通安吉斯数据实验室DADL**，这个跨品牌大数据平台能够统一和整合数据，进行实时数据收集、分析、激活和报告，从全局角度产出可执行的洞察，并转化为领先的市场预测，达到更好的营销结果。它是电通安吉斯中国集团旗下所有代理商公司在管理数字业务时最核心的数据和工具中心。当然，数据的打通需要很多业务层面的沟通和协作，还需要有统一的标准和识别等。在技术上，我们需要面向未来打造可以适应快速变化的、灵活的架构，充分准备面对多变的市场。此外，数据处理和分析越自动化，数据科学家就越要关注数据背后的意思，因此人工智能的兴起可以很大程度上帮助推进大数据的分析工作。更重要的是，我们要帮助集团所有代理商公司和客户一起更有效地使用DADL这一平台，将分布于集团旗下22家代理商公司的整个营销生态圈的实时数据进行统一及整合，从全局的角度产出具备更好营销效果的可预见性和可执行性洞察。在全局基础之上，我们依据不同的业务需求和挑战亦有相应的调研工具和解决方案，比如CCS，比如Code 1，具体请Derek和Eve分别介绍一下。

D 之前，外界对电通安吉斯消费者调研项目了解得比较多的可能是**CCS**（**Consumer Connection System**），这是集团独有的、全球统一设计管理同时兼顾本地客户需求的单一同源消费者调研。在这几期《智汇》书中的很多洞察观点都是基于这项调研。在中国，CCS覆盖从一线到五线共88个城市，年消费者样本量已经超过69000。看起米CCS采用的仍然是传统消费者调研方式，但它确实能够反映消费者比较完整的消费旅程和评价体系。最近几年，我们在全球范围对CCS进行了重新思考，让CCS可以更好回应时代的要求。我们将CCS延伸到三个领域：第一，在CCS的基础问题上增加针对某个品牌的问题，实现客户定制化。这样可以用较低的成本在多个城市收集消费者的同源数据，呈现更丰富的消费者洞察。第二，我们在CCS数据基础上，发展出了一套以传播为核心的预算优化工具，希望与客户站在一起，指导客户优化分配预算，进而真正实现品牌的商业目标。第三，把外部数据与CCS进行对接和融合，以CCS已有数据为连接点，与市场上的其他数据进行整合。目前，CCS已经尝试了与腾讯数据的整合，把CCS样本的调研数据与腾讯系大数据进行匹配。以上其实都是我们在数据的融会贯通方面做的努力和尝试。

E 讲到数据的融会贯通，前面我有提到"品牌商务"的概念，收集数据不是我们的目的，我们的目的是要借助科技与数据带给消费者真正需要的东西，在数据基础之上去深层次了解消费者在网上围绕某个品牌及其竞品说了什么（内容数据），理解消费者的品类需求，理解品牌与竞品的相对位置，以及品牌和消费者彼此认知的差距，剖析这些数据与品牌资产有什么关系。然后，帮助品牌找出独特、愉悦的品牌体验以及品牌未来的发展机会。这也是我们在2015年推出Code 1的初衷。Code 1是安索帕独立研发的基于大数据分析的消费者旅程追踪平台，拥有整合不同维度的消费者行为数据和自发评价数据的能力。我们发现，网络世界的各种数字平台不仅是品牌的沟通平台，更重要的是，随着数据一步步进入品牌的商业核心，我们和品牌都需要思考如何更好地利用跨平台收集而来的数据，如何从数据里找到品牌未来的发展方向和撬动业绩的因素。

Q 代理商应该如何与企业内外部的数据进行整合？公司建立了哪些内部和外部合作机制？

C **代理商应该从所有渠道收集和积累数据。** 每个代理商由于业务模式不同，在渠道上会有不同优先级。此外，有些数据有实时性，有些数据是长效性的——可以在很长一段时间被反复使用，对于后者一定要有机制保证激活它们。对外，我们与很多媒体平台都展开了合作，用技术和工具打通数据、进行数据整合，并且帮助**匹配不同来源的数据**。对内，我们在组织架构上组建了中国数据管理委员会，成员来自电通安吉斯中国集团旗下22个品牌的相关负责人，委员会定期沟通、协调各方资源，推动内部合作。此外，我们还在集团内部统一了标准，**统一标准的识别码**和先进的算法有助于打通数据；同时，我们也保留了不同平台的识别码，这样集团内各代理商的数据可以更容易地被整合，同时也提供了与未来其他平台整合的开放性。

E **如果品牌想要获得消费者的完整画像，数据的互联非常重要。** 目前，国内几大数据商之间的数据没有互联，但消费者的足迹是互联且无处不在的，在这种情况下，我们只能用可以互联的数据推测消费者旅程。怎么才能知道收集到的海量数据中的哪些是同一个消费者的数据、这个人是谁，这对品牌而言，非常重要。我们面对的不仅有社交媒体数据，还有电商数据、品牌与BAT合作的数据。有了这些数据，我们还要不断去跟所有合作伙伴商谈，不断思考如何与他们合作，如果对方愿意合作，需要如何配合；如果不愿合作，他的顾虑是什么，有没有别的方式可以解决。这已经是我日常工作的一部分了。

D 是的，**跨平台的数据整合非常依赖合作**，我觉得合作与沟通需要双方关系对等，**合作需要共赢**，尽管投资很重要，但**更重要的是要有创新且能落地的想法和产品、资源**。我们接触到的很多合作伙伴也希望实现创新，因此诚心诚意地把我们的创新想法和长期积累的经验与他们交流、分享，尤其是如果拿出比较成熟的思路与产品，会很大程度上吸引合作伙伴。

Q 与纯IT技术企业相比，代理商需要什么类型的数据专业人才？

C 在技术上，代理商需要不断应用更新的技术，包括人工智能等来应对未来更复杂的挑战。在数据上，我们也将不断与多个平台打通，进行数据整合。在业务层面，电通安吉斯也将引入更多创新的数据分析和洞察业务配备。能满足这些需求的复合型人才就是我们需要的数据专业人才，在此基础上，我们旗下的代理商公司也都有自己独到的人才吸纳和培养机制。

D 在广告公司从事数据工作的人，其技术能力当然很重要，但最必要的条件是一定要理解市场营销与广告行业，懂业务流程和客户需求。像Chris说的，今天**最佳的人才是复合型的：既理解前端需求，也能了解后端的开发能力，并且把两者联结起来的能力要强**。凯络作为电通安吉斯旗下领先的媒介代理公司，一直以来都在围绕数据进行业务流程优化。我们每次都会和客户一起尝试用数据方法解决业务问题。在凯络内部，已经不把数据和传播分开，我们的策略与创新团队中有一半以上的人员专注于与数据相关的工作，其中包括技术开发人员。

E 现在的数据环境需要既有专业技能又训练有素的分析、解读数据的专

业人员，但是这类人才在市场中需大于供，我们不能坐等大学体系培养，而是要尽量**把已经有的人才与我们的业务紧密结合**。比如目前，我们的品牌策略和数据智能咨询团队成员有一半是咨询顾问，也有工程师和数据分析员。这些咨询顾问要带着客户理解他们的核心挑战，然后再把核心挑战下沉到数据层面，以品牌为单位收集、解读和分析数据。这些咨询顾问很善于研读数据。我们团队成员的学科背景不同，但大家非常开放且愿意合作。

Q 这里想特别请问一下Chris，作为电通安吉斯集团中国区的首席信息官（CIO），你觉得CIO机制的引入会带来什么改变？

C 首席信息官在电通安吉斯的职责除了着力以技术与创新打造最优技术服务之外，还要从最佳体验出发打造数据与数字化平台，加速提升集团在传播服务新时代中的业务实力。这一职位的引入将帮助集团旗下各公司分布于整个营销生态圈的实时数据进行统一及整合，从全局角度产出并转化为领先的市场预测，最终达到更好的营销效果。在数字经济时代，用技术应对互联网、数据和数字化发展是企业毋庸置疑的抉择。CIO的引入，更准确说是CIO转型，才能帮助我们自身业务和客户的转型。

创新催化剂

Q 数据已经成为商业创新和变革的催化剂，三位觉得数据如何促进或驱动创新？

C 数据本身没有价值，只有通过分析数据产生洞察，才能真正发挥数据的价值，所以我们要在分析上发力，**让数据分析和洞察具有预见性和可执行性，在数据上持续创新**，才能对业务起更大的推动作用。

D 数据是创新的一部分，也是创新的一个方向，但**数据并不等同于创新，最大的创新是解决行业里最富挑战性的问题**。如今，数据成为商业世界最基本的要素，数据不仅是我们自身业务的创新催化剂，我们还可以推动客户转型和创新，进入客户的创新链路。比如，程序化购买已经成为一种主流方式，需要大量级数据及应用，但大部分客户不是数据商或技术公司，他们需要和像我们这样的第三方一起创新数据分析、处理、应用，我们可以依托自身的数据能力帮客户建立数据管理平台或数据创新中心。这种创新模式对很多客户而言，很有效用，可以避免他们重复投资IT平台和数据中心，也可以促进客户自身的业务创新。

E **以Code 1为例，依据大数据做企业咨询本身就是创新**。一年多的时间，我们已经依托Code 1建立了8－10种解决客户商业问题的服务模组，足以证明数据在建立品牌未来策略中作用巨大。我们的咨询顾问在与品牌探寻商业问题和挑战以及阻碍其更进一步的关键因素后，会再梳理解决关键问题需要的数据支持，通过数据解读、分析帮助品牌决策，推动品牌创新。

Q 能否具体介绍一下Code 1对创新的催化？

E 一个创立挺久的果汁品牌觉得自己在慢慢"变老"，它想了解谁在喝它的产品；在什么场景下喝；在这个场景下，消费者如何定位这个果汁；消费者

又怎样看待它的几个竞品；它们各自的相对位置在哪里。这个果汁品牌希望在了解这些问题后，能进一步有所突破，又该怎么做？我们在Code1平台上将这个品牌作为关键词进行搜索，发现不仅是客户列出来的竞品是其竞争者，还有不少自带的竞品并不在其列出的关键词中，很多消费者一提到这个品牌就会提到另一个品牌，而后者并不是果汁，而是一种含有果味的水。经过大量数据收集、分析，我们发现客户未来可以有两个发展方向：做纯果汁或者做有果味的水。这是很典型的Code 1做出的品牌发展方向的演绎。那么，接下来客户到底应该何去何从？尽管这两个方向都是品牌生意的机会，但哪个方向更适合这个品牌？第二阶段的咨询业务就从这里开始了。

Q 在数据收集、分析与应用上，三位认为整个行业在未来应该重点关注哪些领域？

C 目前，针对数据的开放和交流，国内还没有明确的政府规定，因此在数据平台整合上，我们需要花费更多时间与精力进行协调和规划。我希望整个行业在数据规范、数据平台上做更多合作，我们能够与媒体、合作伙伴一起，共同创造一个充分沟通和协作的生态圈，最终能更好地服务客户。

E 我觉得数据应用很迷人，但是在应用中，还要思考如何合规合法，如何让整体数据环境更安全，这是使用数据的道德，需要心里有一把尺。还有，我希望数据的采集、分析、应用及反馈的整条链路能够结合得更紧密。

D 我觉得代理商行业对数据创新运用的尝试其实可以再快一点，再大胆一些，既要小心求证，也要大胆实践。新东西可以在内部先尝试起来，因为试错也是创新的一部分。大家都不知道未来会怎样，最可怕的情形是大家因为怕担责而止步不前，因为不进步就会退步，反而会造成系统性风险。

崛起中的中国男士新富阶层：
成熟理性 拒绝"土豪"

文｜黄欣雨 凯络中国研究总监
　　陈玮玲 凯络中国传播策划经理

中国经济过去十年来的高速增长以及未来持续稳定发展预期正在创造出一大批新的富裕阶层。根据麦肯锡的研究，家庭月收入为16000－34000元人民币的人群被定义为中国的富裕阶层，这一群体占中国社会的总比例预计将由2010

年的6%上升至2020年的51%，从而成为未来消费市场的主力人群，他们也是广告主们不可忽视的目标消费者。

其中，男性新富阶层呈现出一种与过去所定义的富裕人群不太一样的消费和行为方式，针对这一变化，电通安吉斯旗下领先媒介代理公司凯络通过其拥有的高端消费者数据库CCS DIAMOND针对中国的男性新富阶层进行了深入的研究和分析。该数据库覆盖了12个中国主要的一、二线城市，年龄在18–50岁，家庭收入居前10%的样本10000个以上，同时也是中国最大的奢侈品消费者数据库。

相对于过去位于一二线城市，家庭月收入在10000元人民币以上的男性富裕阶层定义，这项研究将新富阶层定义为生活在国内一二线城市，家庭月收入在16000元人民币以上，25–40岁的男性，预计总数约有230万人口。

总体来看，男性新富阶层比过去拥有更好的教育背景和学历，他们中有72%的人拥有大学以上学历，而过去这一人群中，拥有大学以上学历的只有37%。此外，男性新富阶层中90%拥有自己的房产，相较过去79%的比例也有明显的提升。这些男性新富阶层中有76%的受访者表示更偏好居住在一线城市，过去这个数字为68%。

除了高学历，男性新富阶层中很多人具有海外留学和工作的经历，他们在

休闲娱乐方式的选择上也更为广泛，远比过去更为多元和丰富。这体现在他们喜欢追寻更具个人体验感的休闲方式，例如外出旅游、游泳、登山、赛车、健身、泡吧等。而过去的富裕人士则更喜欢高尔夫等基于他们自身地位属性的活动，非常单一。

男士新富阶层的五大分类

一方面，男性新富人群与过去的富裕人群有着明显的区别；另一方面，男性新富人群内部的消费和行为习惯同样也存在共性和差异。

凯络的这份研究基于男性的现有成就、个人抱负、成熟优雅和张扬显露等的程度将他们分为了以下五类人群：

- **渴望闪耀者 (Bling Kings)**：拥有较大的成就和财富，同时喜欢张扬甚至炫耀；
- **志存高远者 (Aspirants)**：有较高的个人抱负和目标，有时候也会外露而不掩饰；
- **享乐主义者 (Epicureans)**：相对各方面较为均衡，有一定的目标，但是不外露；
- **怀疑论者 (Skeptics)**：有一定成就，同时低调成熟；
- **狂热爱好者 (Aficionados)**：地位和成就较高，处事成熟优雅。

举例来说，狂热爱好者（Aficionados）和享乐主义者（Epicureans）是时尚潮流达人，他们总是愿意尝试新事物，例如新的时尚活动或者技术产品。志存高远者（Aspirants）和渴望闪耀者（Bling Kings）喜欢生活在聚光灯之下，受到众人的关注和追随。但总体来说，他们都比过去的富裕阶层拥有更强的消费能力，更加善于管理财产，并且希望自己成为领导者。

中国人经常使用"土豪"这个词来形容那些十分有钱，但是缺乏品味，并且还喜欢四处炫耀的人。而如今的男性新富阶层显然不希望自己被人称为是土豪，他们更加注重生活的品味和细节，也不会毫无目的地到处宣扬自己的财富，可以说是更为成熟和理性。同时，他们还更加注重自己的涵养和知识，并希望给他人留下一个独特、具有远见且举止温文尔雅的印象。

关注科技创业 信赖社群的力量

随着创新创业大潮席卷神州，越来越多的人开始关注创业企业和创业者，对于男性新富阶层来说，他们有更多的机会接触到创业，他们其中有的人自己就是创业者，拥有自己的企业，有的人则是在创业企业就职，或者身边有很多人正在创业，他们自身也拥有创业的想法或计划。也因此，他们中的很多人都十分关注创业的话题。

与此同时，他们对于创业也有自己的理解，男士新富阶层认为创业不只是简单地做生意或者纯粹为了赚钱。在他们看来，创业更多的是做一件与众不同、具有前瞻力的事情，并且最终目标是帮助自己或者他人的生活变得更好。

狂热爱好者（Aficionados）和享乐主义者（Epicureans）相信，创业精神与精细的态度、深厚的知识以及开放的视野密切相关。志存高远者（Aspirants）和渴望闪耀者（Bling Kings）则认为创业精神关乎直觉的判断以及抓住合适的机遇。

男性新富阶层尤其关注科技创业如何改变生活和世界，无论是电商、O2O，还是物联网、车联网，他们都很关心。基于此，他们还特别关注已经获得较大成功和声望的知名创业者和企业家，并通过社交媒体等方式关注这些人的微博或者微信公众号，从而直接了解他们的一言一行。

数字媒体成为了男士新富阶层熟悉并且最常用的媒体形式，他们平均每天在手机上花费大约1.76个小时。但是另一方面，他们对于广告并没有那么容易被打动，狂热爱好者（Aficionados）和享乐主义者（Epicureans）尤其是这样。

对于自己熟悉和了解的领域，他们不再满足于一些肤浅和简单的信息，而更加倾向于深度、个性化和具有说服力的内容，比如说行业的深度报告或者白皮书、专业的分析文章等等。他们会利用搜索引擎来寻找这方面的信息，但是搜索引擎往往只是一个跳板工具。

除了这些传统的渠道和方式，男士新富阶层热衷参与到与他们兴趣和目标相仿的人组成的社群中去。这些社群经常是以微信群或者其他形式存在，社群往往有一个较为明晰的话题或者目标，参与者可以在里面交流观点和思想，或者组织线下活动聚会。有的时候，这些社群由几个意见领袖所领导或者创立，从而变得更为有秩序，甚至有明确的组织构架。

一个典型的例子是自媒体人罗振宇创办的"罗辑思维"，其最初只是一个简单的微信公众号，其口号是"有种、有趣、有料"，每天提供60秒的读书评

论或者知识分享，倡导独立、理性的思考，推崇自由主义与互联网思维，并且凝
聚爱智求真、积极上进、自由阳光、人格健全的年轻人。随着其粉丝群体的不断
壮大，"罗辑思维"开始在各地组建粉丝群，并在线上线下开展各种粉丝活动，
从而形成了一个庞大而且活跃的网络社群。

品牌如何进入圈子？

男士新富阶层不但积极参与到社群的线上讨论和线下活动，而且对于广告
主来说，很重要的一点就是，与传统形式的广告相比，男士新富阶层更信任社群
所分享的内容，并且更容易接受其中提供的信息。简而言之，社群或者说圈子很
大程度上取代了原来的大众媒介，成为了男士新富阶层获取信息的重要途径，并
且与他们的日常生活紧密相连。因此，广告主们面临的一大新挑战就是，如何才
能进入这些圈子，拉近与这些男性新富阶层的距离，从而与他们产生互动。

品牌要深入到这个特定的圈子，契合这个圈子调性的内容是必备的敲门
砖。比如，前面我们提到男性新富阶层当中很多人十分关注创业的话题，他们眼
中的创业不仅仅是生意或是赚钱，而更多的是做一件前瞻性的、与众不同的事
情，最终目标是帮助自己和他人的生活变得更好。

　　如何基于这个洞察进行内容创作进而在这个圈子里形成影响力？以芝华士品牌为例，其举办的"赢之有道"创业家大赛，通过在全球范围内搜寻具有潜力的创业家，分享和展现他们的创业故事，资助他们成功创业的同时，更好地服务于社会。这一活动亦有效地传递了芝华士品牌的价值主张，彰显了芝华士的"骑士风范"——包括一个企业高贵的风尚、尊贵的内涵和专属的个性。

　　此外，品牌如果希望能够给男性新富消费者真正留下印象，还需要花些心思，为他们提供一个独一无二的活动体验。比如策划和组织与明星名人面对面的活动、邀请消费者深度参观产品的设计和加工过程，为消费者定制个性化的主题探秘旅行线路等，这些往往用钱也买不到的体验却能打动男性新富阶层，并给他们留下深刻的品牌印象，进一步建立关系。

　　调研还发现，如今男性新富阶层在选择品牌时更加倾向于精致成熟的品牌，在购买行为上，也不再青睐于过去那种张扬外露的产品。在整个消费行为过程中，品牌的认知仍然是重要的一环。与过去相比，他们对于品牌传递的信息要求更高，不再接受那些仍旧停留在宣传品牌知名度的广告，更愿意接受成熟优雅的品牌所分享的信息。和其他消费群体一样，网络和社交媒体为男性新富阶层在了解品牌、浏览和评估产品信息，以及选择购买时提供了更大的便利。然而值得品牌注意的是，男性新富阶层的低调成熟并不影响其强烈的表达欲望。他们可能不大会大声张扬他们的购买决定，而是低调选择自己中意的品牌，但是在购买之后，会不吝在朋友圈或者社交媒体上分享消费体验、谈论对产品和品牌的看法，以体现他们与众不同的品味和选择。

　　不过，不同的男性新富人士有不同行为倾向，狂热爱好者（Aficionados）和享乐主义者（Epicureans）显得更有洞察力，倾向于倾听和观察，然后再接受品牌提供的信息。志存高远者（Aspirants）和渴望闪耀者（Bling Kings）则在品牌谈论与其相关的经历和体验时，尤其是时尚活动等内容时，更容易对品牌产生印象。

对于男性新富阶层，即使是使用社交媒体分享消费体验，也有一个固定的圈子。在这样的圈子之中，品牌如果希望给男性新富消费者留下品牌印象，就不能仅仅是传递品牌信息，而要想方设法博得他们对于品牌的尊重和赞美，同时还要能抢占时尚，引领潮流。品牌尤其需要努力给这些消费者留下好的第一印象，在沟通中注意语言的使用，展现品牌同文化活动、生活品味、深度知识方面的联系，并且要有故事。

腕表行业的营销趋势变化就是一个很好的例子。过去，很多奢侈品牌倾向于宣传自己的产品如何奢华，如何高档，并且通过较高的定价让消费者有一种高价等于大牌的印象。但是如今，更多的品牌开始转向讲述品牌背后的故事，例如品牌的发展起源地、悠久的发展历程、品牌创立人的心路历程等，同时强调品牌的制作工艺、工匠技术和手工打造的独特性。很多品牌还通过投拍主题微电影，与艺术展合作等方式宣扬自己的品牌价值，并通过社交媒体等方式直接更多地接触消费者。从实际操作来看，这些消费者的确更加愿意接受这样的品牌内容，甚至自发地进行二次分享。

日趋成熟理性、社群属性愈加强烈的男性新富阶层对于广告主们来说既是一个机会，也是一大挑战。他们是有力的潜在市场，同时这个市场的进入门槛更高。品牌需要提供他们感兴趣的深度内容，激发他们将其联系到个人的体验和经历之中，并且借助其所关注的人群进行最有效的传播，才有可能真正进入到这个市场。

OTT：大屏回归
营销人员不容错失的视听产业新浪潮

文｜**安浦菲OTT项目团队**

曾经，手机和平板等智能设备的涌现让电视机备受冷落。然而 "互联网+"时代应运而生的OTT TV（全称Over The Top TV，互联网智能电视）将人们重新拉回了客厅，同时也在发展一批新的观众进入客厅。大屏收视和家庭娱乐的回归，开启了全新的客厅文化时代，为电视媒体提供了新的机会。

随着中国宽带网络的普及，国内OTT产业也走上了快速发展的阶段。针对这一热点行业，电通安吉斯集团2016年8月联合爱奇艺、乐视、芒果TV、腾讯视频、优酷和品友互动，以及调研伙伴秒针和尼尔森网联发布了《OTT消费者洞察与商业价值白皮书》。这是业界首次大规模的OTT行业联合调研，系统地展示了OTT行业的发展前景，深入和多维度地研究了OTT在广告投放方面的效果，并为媒体运营和营销人员提供了切实可参考的建议。

OTT大举进军中国家庭的客厅

OTT指通过互联网向用户提供的应用服务。最常见的OTT视频服务就是OTT TV,中国观众一般通过智能电视机或智能互联网机顶盒来收看OTT TV的内容(图表1)。

在国内市场,整个OTT TV的产业链由内容提供商、牌照商、网络运营商和各类终端产品组成。其中,牌照商包括7家广电总局下发的互联网电视集成业务牌照商和多家内容服务牌照商。

OTT TV在中国正在经历快速发展阶段,根据行业权威机构奥维云网的预测数据,2016年中国互联网电视机的销量将突破千万台。同时,国内的互联网电视加上OTT盒子的保有量到2016年年底预计增长约三成,达到2.1亿台,这个数字在未来五年内还将翻倍。可以说,互联网电视正在大举进军中国家庭的客厅,并且逐步改变现有视频娱乐行业的格局。

OTT终端的销量大幅增长也将带来OTT设备覆盖率的爆发,并将在未来形成一个庞大的商业市场。根据奥维云网和勾正数据预测,国内OTT终端的家庭覆盖率未来将类似于四年前的智能手机覆盖率发展路径:预计到2017年,国内家庭的OTT 终端覆盖率

图表1: OTT TV融合传统电视与互联网

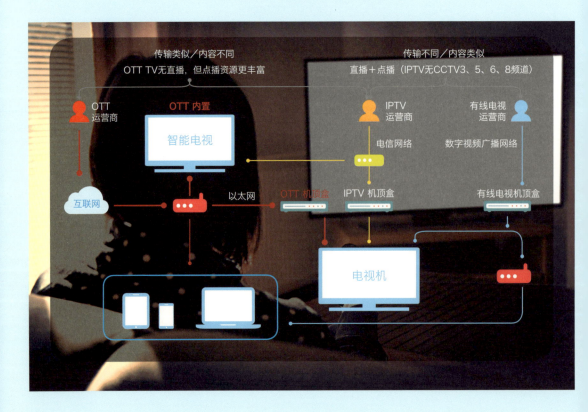

图表2: 移动端、OTT端终端覆盖率

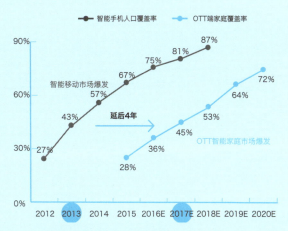

数据来源：奥维云网（AVC）及勾正数据

可达45%，并在2020年达到72%。整个OTT生态市场2016年预计增长超过100%，达到95亿元；而2017年将有近5倍的增长，达到550亿元；2020年，这个数字预计将超过6300亿元（图表2、3）。

如果把OTT的用户数字放到整个大屏媒体用户群中进行比较，可以更加清晰地看到OTT市场的巨大规模。综合各个渠道的数据，在中国大屏媒体用户之中，有线电视用户大约为2.05亿，OTT TV用户约为1.6亿。奥维云网预测，到2017年，中国电视受众中每两个观众中就有一个拥有激活的OTT终端。

图表3: OTT生态市场商业规模

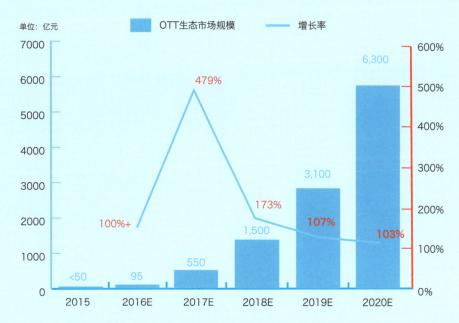

OTT生态市场规模产值基于商业广告、视频会员、游戏、付费应用、T2O等领域汇总

数据来源：奥维云网（AVC）及勾正数据

OTT TV用户的规模不但增长快而且黏性强。根据秒针的研究数据，家庭拥有OTT TV设备的用户中经常通过OTT功能收看视频内容的占比从2015年的13%上升到2016年的28%，增长十分显著。

此次电通安吉斯集团的《OTT消费者洞察与商业价值白皮书》调研发现：

OTT用户比你想象得更聪明

尽管OTT TV在国内的发展时间不算长，但是中国的用户比我们想象中更快接受和适应了这种变化。电通安吉斯集团此次调研发现，87%的传统电视用户知道或者会用OTT TV，而在OTT TV用户中，50%有能力安装应用程序收看网络电视节目，还有32%的传统电视用户计划在未来一年购置OTT设备。那么OTT TV到底有什么样的吸引力呢？

互联网电视丰富的内容选择和更好的视听体验成为了吸引中国用户的主要因素。在回答选择OTT TV的原因中，75%的用户选择为了更加丰富的内容，排名首位。其次是更好的视觉效果，选择率为71%。

OTT TV的海量丰富内容选择无疑契合了中国观众的需求，令他们欲罢不能。有意思的是，调查还发现许多中国家庭用户中，一个家庭拥有多台盒子或者在一体机之外再购买一个盒子的情况并不少见，背后的原因也包括观众对内容资源不满足等要素。

另一个指标是用户为内容付费的意愿。调研发现21%的OTT用户愿意为内容付费。进一步看，89%的用户倾向于按类型购买会员，用户首选的付费内容包括电影和电视剧，分别达到88%和77%，其次是动漫、演唱会和体育赛事等。不过用户愿意为电影和电视剧内容付费的价格要低于其他一些类型，这说明以消遣娱乐目的为主的电影和电视剧被替代的可能性大（图表4）。

中国用户使用智能手机的经验帮助他们很快地适应了OTT TV，不但有一半的OTT用户有能力安装视频APP，每个家庭互联网视频设备上安装的视频APP平均数达到了2.38个。与此同时，所有OTT TV用户中，79%的人

图表4: OTT TV用户内容消费方向

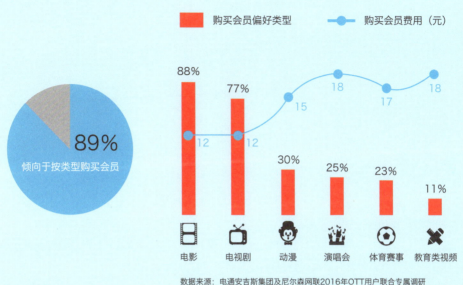

■ 购买会员偏好类型　　—●— 购买会员费用（元）

89%
倾向于按类型购买会员

	电影	电视剧	动漫	演唱会	体育赛事	教育类视频
购买会员偏好类型	88%	77%	30%	25%	23%	11%
购买会员费用	12	12	15	18	17	18

数据来源：电通安吉斯集团及尼尔森网联2016年OTT用户联合专属调研

有明确观看目标，他们会直接搜索节目名称、继续观看上次节目或者观看书签收藏内容。

除了内容的吸引力，大屏体验也是OTT TV独有的魅力所在。相比其他屏幕，OTT TV在视频前后贴片和暂停广告方面都获得了用户更高的关注，而开机广告的关注度则更为强烈，几乎超过所有传统形式广告（图表5）。此外，54%的OTT TV终端有3人以上观看。在收看时间方面，晚间黄金时间段的OTT TV使用率表现突出，成为了其他屏幕的有力补充。

OTT行业的发展除了其本身对用户的吸引之外，国内的电视机厂商也大都设立了专门的OTT部门来推动智能电视终端的销售。此外，广告和第三方机构也认识到了OTT的价值洼地，联手推动行业的进步，一些产业和广告联盟纷纷建立，预示着OTT产业的春天已经来临。

OTT的营销价值"大"有不同

虽然传统媒体受到移动互联网的冲击，电通安吉斯集团的调研发现，OTT TV点播收看的方式正在把一批观众重新拉回大屏幕。从2015年到2016年，中国观众电视收看的总时长增长了5.7%，其中点播的贡献率达到了72%。

OTT终端规模增长随之带来的是OTT广告流量的增长。以2016年上半年为例，秒针调研监测到的累计广告

图表5: OTT TV广告关注度

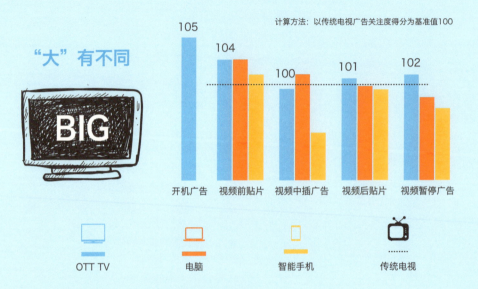

计算方法: 以传统电视广告关注度得分为基准值100

"大" 有不同

BIG

开机广告	视频前贴片	视频中插广告	视频后贴片	视频暂停广告
105	104	100	101	102

OTT TV　　　　电脑　　　　智能手机　　　　传统电视

数据来源: 电通安吉斯集团及尼尔森网联2016年OTT用户联合专属调研

曝光的终端数量从1月的1400万台上升至6月的1.21亿台,累计广告曝光也从10.12亿次上升至58.90亿次。这也为广告主选择OTT投放广告奠定了基础。

在鲜明的数字佐证下,OTT大屏广告对品牌究竟有何种意义?OTT的监测评估、跨屏投资组合又该如何优化?电通安吉斯集团的此次调研就此问题着重进行了研究,研究以用户OTT设备ID监测曝光为区分,将用户分为OTT广告控制组和曝光组,并了解两组用户对品牌健康的各项指标的差异。

通过四个不同品牌的比较,调研发现:OTT广告曝光过的用户在广告记忆度方面比没有被曝光的用户提升30%以上。与之类似,OTT曝光过的用户在产品好感度方面也比未经过OTT曝光的对比组有15%以上的提升。最后,在推动产品购买意愿方面,曝光组相较于控制组也出现了明显的提升。由此,调研发现,OTT广告能够帮助品牌更好地实现关键绩效指标(KPI),而且曝光3-4次对产品的喜好度提升最为明显。

本次调研结合了从户到人解决方案的加码监测技术，对OTT监测和评估体系进行了革新。通过这种方式，调研发现相同效果下OTT广告所需投入较PC和移动端更少。同时，在相同的投入之下，OTT所获得的效果也更好（图表6）。

OTT的另外一个重要作用就是对"跨屏3+"到达率有提升效果，尤其是具有"频补"的效应，举例来说，在同时投放PC和移动广告的基础上，如果加入OTT广告则可以达到1+1>2的效果，并且这比投放单个的媒体效果明显得多。换句话说，加入OTT的跨屏投放，可以提升投放效率（图表7）。

以调研中进行的一组测试比较为例，为了实现对60%受众曝光3次的目标，加入OTT网络视频的跨屏投放相比纯电视投放可以优化41%的效率，相比电视加网络视频的投放组合可以优化13%的效率。在另一组测试比较中，花费同样的成本，利用电视加网络视频加OTT TV的投放组合，效果比电视加网络视频高3%，比仅投放视频高11%。

OTT的迅速发展已经势不可挡，并将成为视频产业的趋势。中国用户对于内容的渴求，使他们更倾向于拥抱OTT。在这样的情况下，用户也更愿意为内容付费，OTT让内容变现愈加容易实现。

图表6: 相同广告效果下所需投入以及相同投入下可获效果

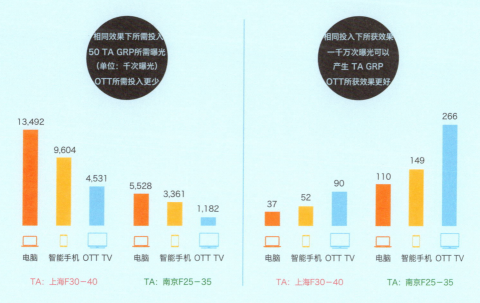

TA: 目标人群　　F: Female 女性
GRP: 总收视点

数据来源: 电通安吉斯集团及秒针 2016年OTT用户联合专属调研

对于广告主和代理商而言，OTT广告已经可以被监测和衡量，广告主通过OTT可以优化多屏投放效果，还可以根据内容定向目标群体，与消费者进行有效的互动。在长远的未来，我们期待OTT广告及互动形式能更吸引消费者，为广告主带来更大的收益。

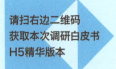

请扫右边二维码
获取本次调研白皮书
H5精华版本

图表7: OTT对跨屏到达率有提升效果，尤其是具有"频补"效应

TA: 目标人群　　　GRP: 总收视点　　　F: Female 女性

数据来源: 电通安吉斯集团及秒针2016年OTT用户联合专属调研

观点
Views

新多屏世界的视频生态：
一手内容　一手技术

文｜**姜燕佳　赵亚非　华达　吴晓晶　李琳琳　　电通数码**

中国正在进入一个全新的多屏世界：上班路上，你面对的是手机屏幕；到了办公室，你面前是电脑屏幕；下班回家后，你和家人在客厅一起观看电视屏幕，还会时不时浏览一下手机或者平板电脑……

你在多屏的世界中随心穿梭，孰不知已经和国内上亿消费者一起悄然进入了一个基于互联网的多屏世界——在这里，互联网串起你生活里的所有屏幕；在这里，品牌期待透过网络打通多块屏幕找到屏幕这端的你、重新认识你，向你精准送达适合你的信息、服务和产品；在这里，营销界殚精竭虑地剖析新视频生态造就的挑战和机遇，期望用恰如其分的内

容和技术与你在此相遇、相知。

基于互联网的多屏时代

随着移动互联网和Wi-Fi的快速发展，消费者在几年前就已经开始多屏并用，但是那时OTT TV尚未成为主流屏幕，消费者的多屏生活处于两个完全不同的维度：一个是传统电视，另一个是基于互联网的手机、平板电脑和PC。近年，随着OTT TV开始逐渐取代传统电视，消费者生活中的所有屏幕被互联网统一，成为单一网络维度下的屏幕。

在之前的文章中提到，据数字显示，国内互联网电视加上OTT盒子的保有量到2016年底预计将达到2.1亿台，尽管传统电视还没有完全被取代，但被互联网一统江山的多屏世界正在快速来临，不久的将来就会进入"基于屏幕的互联网时代"。那时，纸质报纸和杂志会被平板电脑里的内容取代；传统电视会被OTT TV取代，甚至户外媒体也是基于互联网，车联网、物联网也日渐普及。以后的世界是基于屏幕与互联网连接在一起，每个人通过屏幕进行识别，跨屏整合成为大势所趋，这是新多屏时代的最大进步点。

基于互联网的多屏时代，视频生态将会被重塑：终端越来越多元；内容日趋多元化和多渠道；消费者在多块屏幕后无缝切换各种内容。

面对跨屏消费者，打通多个屏

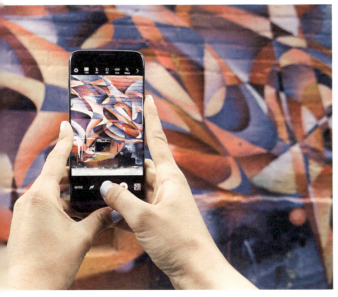

新视频生态对传统最明显的挑战是，未来广告购买模式可能会发生巨变，传统电视台的广告招标会可能会渐渐淡出。而隐藏在被颠覆的传统背后的挑战是，如何在不同屏幕上给消费者带去同一内容；如何精准识别不同屏幕后的同一消费者，并向目标群体（TA）送达有效信息；如何科学利用大数据和技术解决方案，合理地切分广告预算，做到高效跨屏投放……

毋庸讳言，新视频生态带来了重重挑战，不过它带来了更多的机遇，主要包括：

第一，只有当所有的屏幕都基于互联网的环境之中，才可以实现屏幕整合，而非像以往那样每块屏幕相互独立。只有屏幕整合之后，才能进行整合营销。

第二，所有屏幕具有可监控性。以往，对传统电视的监测采用的是传统调研方式，通过收视率了解电视节目可能触达的收视人群，然后将相关数据进行放大。而基于互联网下的多屏在屏幕整合后，可以有效利用大数据进行监测，通过消费者的收视习惯、整体行为精准地了解屏幕面对的是何种群体，对屏幕背后的消费者真正做到心中有数，从而针对性地播放广告。

第三，屏幕整合可以实现真正的场景营销。

总之，新视频生态会带来营销模式和格局变化，营销方式与方法比传统多屏时代更丰富、更多元化，能够实现传统电视无法实现的交互效果。对品牌而言，可以实现对消费者行为进行精准跨屏追踪，借助被互联网串起的多屏促进后续的购买转化，打造更长的营销链路，完成营+销的闭环。

幕是营销人的终极目标。从营销者的角度看，消费者与品牌之间的互动方式发生着变化，消费者希望在不同的设备间可以保持相同的品牌体验，而广告主利用跨屏营销策略也将确保消费者的品牌体验，并提高广告投放投资回报率（ROI）。对营销界而言，

内容：跨屏整合的介质

在新视频生态中，可以从两个维度解读其状态：一个维度是硬件环境发生了改变；另一个维度是内容也越来越多元化，尤其需要关注近来迅速崛起的互联网+IP（知识财产）、网红现象等"内容的新产业链"，这些基于互联网思维、娱乐化营销的全民内容盛宴正在完成布局。

任何具有传播性质的介质都离不开内容。在新视频生态系统中，互联网+IP经济和网红现象在内容生产上拥有远比传统视频、文字平台更多优势：一方面降低了内容的生产门槛，改变了内容生产方式；另一方面，实时交互的增加让内容生产更契合用户需求。传统的内容生产模式是精细化、标准化的流水线式产出，背后的生产逻辑几乎一致，而IP、网红则无需花费大量时间，随时随地就可以产生内容，内容本身可以多样化，人人都可以是主播，人人都可以产生内容。不仅小众内容需求可能在主播的

实时用户原创内容（UGC）模式下得到满足，而且小众内容也可以在直播平台输出并收获粉丝支持。

面对"乱花渐欲迷人眼"的网络直播与"众人拾柴火焰高"的超级IP，"一波未平一波又起"的内容新产业链，广告主如何避免在茫茫内容的大海中刻舟求"剑"？

图表1：互联网 + IP

· IP是掌握用户的，而且可以把各个娱乐业务板块打通，加强**内容和平台的融合**，围绕着IP打造生态，实现商业模式升级。

· 我们认为IP运营的本质是**实现产品经营向品牌经营升级**，最成功的模式是把它作为永续资产长期经营。

（图表内文字：网络、纸质、动画、漫画、端游、小说、动漫、页游、IP多元互联、手游、游戏、电影、模型、玩具、全产业链整合、影视、电视剧、智能、周边、音乐、手办、电商、主题乐园、饰品服装、舞台表演、网络电台）

· 做好IP营销

近年来，国内IP风潮席卷泛娱乐产业，优质IP资源包括了好莱坞以及国产的电影资源、电视栏目资源、国产电视剧资源、网络内容资源，热点IP几乎成为整个广告营销业的争抢目标。好的IP营销能够以点连面，跨越不同领域形成连锁效应。IP营销的核心目的应当是用有限的内容制造无限的粉丝，或者说是用内容去放大粉丝。内容是IP的核心，粉丝是IP的基础，因此我们将IP解读为：内容+粉丝（图表1）。

一个成熟IP需要沉淀的过程，对于超级IP而言更是如此。例如，"罗辑思维"作为互联网知识领域非常热门的IP，在罗振宇背后拥有一群热爱读书、热爱知识、喜欢思考、具有独立人格的思考者，"罗辑思维"的商业化路线即是用内容去放大粉丝。类似罗振宇这样的超级IP具有针对对应人群的特征，同时具有开发相应的价值观、世界观、故事设计、艺术风格和流行元素的能力等特点。

对于品牌和代理商而言，在新视频生态中需要思考如何找到好的IP，借势IP和其粉丝将品牌声音拨高，进行品牌宣传，最终促进销量。我们总结了挖掘成功IP的4类标准（图表2），品牌可以围绕题材内容、受众粉丝、改编制作和持续开发四要素衡量某个具体IP是否具有潜力。

对于代理公司和品牌而言，越早参与内容的设计和制作环节，越能够产出高质量的内容。未来内容生产的过程将是消费者、品牌、代理公司交织在一起，共同产出、共同传播的过程（图表3）。

· 网红直播：找准人与找准事

2016年，网红直播是视频内容领域最热门的现象。大部分人将视频直播等同于网络真人秀，其实视频直播是吸取和延续了互联网优势，利用视讯方式进行网络现场直播，而不仅仅是拥有青春靓丽外表并善于营销的年轻女子在互联网上迅速受到关注而走红。通过社交平台走红并聚焦大量粉丝的红人，恰恰是互联网时代孵化的私有化产物，同时也是时代孵化的一

图表2：挖掘成功IP的4类标准

- **热门IP**（网络文学、国外火热节目类型）
- **能引发情感共鸣**，具备普世的价值观

题材内容

- **受众群明晰**，便于市场推广及影响力扩大化
- **已聚拢了一批粉丝**，这些种子受众可以起到宣发效用，影响力大

受众粉丝

- **精良制作**保驾护航，专业
- **团队专业制作**才能出好内容
- 好IP需要好的改编，避免"扑街"，**保持原著本色**同时加入**适当创新**

改编制作

- **IP具备超强传播能力**，具备可跨界基础
- IP具有**可衍生力**及商业化收入模式的潜力

持续开发

图表3：电通数码IP营销模式

自制投资IP剧合作流程

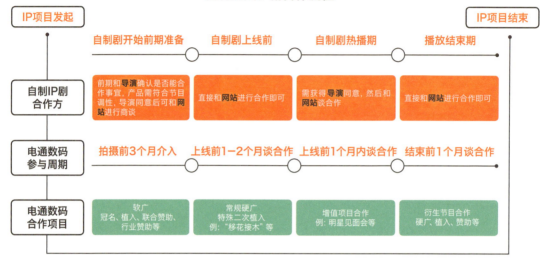

部分。

网红和直播火热的同时，诸如网络直播的内容调性、网红在直播中的管理、直播广告产品与话题硬伤等都成了传播中常见的问题。如何让品牌借助真人秀直播的魅力与消费者产生共鸣？最重要的是找准人（网红），引发与粉丝之间的情感共鸣和相同价值观；另外，网红要具有超强的传播能力和可跨界基础，具有可衍生力及商业化收入模式的潜力；在保持本色的同时，可加入适当创新。其次是找准事，强硬的内容植入会令观众反感。只有找准人、找准事，任何细节巨细无遗，借助网红营销的效果才会有的放矢。

技术：跨屏投放的桥梁

精准识别多屏背后的TA并不是行业的新话题，不过，这一挑战在基于互联网的多屏世界里又催生了新挑战。

在互联网同一纬度下，PC、手机、平板电脑和OTT四块屏幕背后的用户群体其实就是互联网用户群，他们在互联网环境下对这四块屏幕都会使用，他们会依据屏幕大小和自身所在位置决定使用哪块屏幕：比如在办公室用PC，在路上用手机，在家里用OTT。这四块屏幕用户群日益融合，使得对TA的跨屏识别、跨屏追踪和跨屏触达成为全新挑战。只有攻克这些挑战，才能实现高效而精准的跨屏广告投放，最终实现销售转化。

新视频生态需要最新的跨屏技术解决方案，以便在海量数据基础上，根据消费者的生活习惯、消费行为覆盖TA拥有的这四块屏，精准匹配到合适的TA；根据同一消费者的主动观看行为，做到让TA在上班路上用手机看一遍品牌信息，在办公室用PC看一遍，下班后用家中的OTT再看一遍，进而避免品牌商盲目多次重复的信息"轰炸"。技术门槛成为广告主和代理商在新视频生态中必须要应对的挑战，其背后的真正"门槛"在于多屏背后的同源数据整合以及对目标受众的识别。

2016年下半年，电通数码推出了基于程序化购买的跨屏营销解决方案——iScreens视频程序化解决方案（图表4），解决以TA为核心的跨屏投放问题。iScreens依托程序化投放平台的投放管理，程序数据库（PDB）和需求方平台（DSP）双线支撑，既支持专属的优质媒体资源，同时还可对接公开市场资源，确保品牌类客户和效果类客户的不同诉求得以实现。

iScreens视频程序化解决方案依托于电通数码独有的大体量数据管理平台（DMP），包含6亿深度cookie和超过3亿的月活跃cookie，数据涵盖这些群体的人口属性、消费行为和浏览习惯等，还有对所有广告端和站端的监测

图表4：iScreens视频程序化解决方案

可对接第一方自有DMP数据，并激活还原为网上用户数据

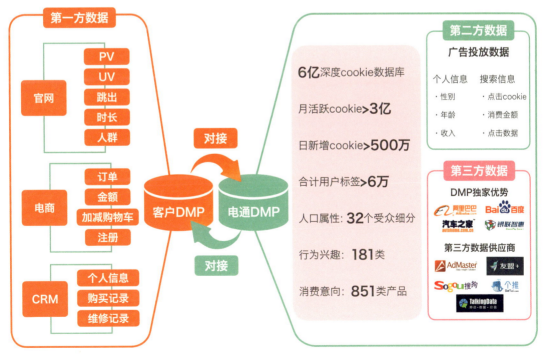

数据。此外,通过在Wi-Fi环境下识别IP地址以确定IP背后是否为同一TA,两个技术手段相叠加,令iScreens能够做到跨屏识别TA比例为50%-60%,居于国内行业的领先水平。

iScreens视频程序化解决方案可以打通PC、手机、平板电脑和OTT四块屏幕,实现基于同源数据的跨屏整合;它通过跨屏精准找到TA,加强内容和跨屏平台的融合,实现精彩内容和技术增效并行营销。它可以帮助品牌解决基于目标消费者的跨屏投放。例如:TA判定和流量管理、去重、跨屏管理、跨媒体频次控制等;同时提供分屏幕、分媒体、分地域、分时段、分频道表现的数据报告,人口属性分布,TA分媒体、分地域、分时段表现等多重数据维度。

当然,目前在全球范围内,整个行业仍未能做到百分之百地跨屏识别TA。对于行业而言,这既是挑战也是机遇,挑战在于以现在的技术手段尚无法把所有数据串联在一起。不过,此前东京有案例实现了在不同环境下,打通智能电视和移动终端,向完全解决跨屏的技术门槛跨进了一步。如果在这个技术方向上能够继续拓展,对广告主而言,未来就可以实现对消费者行为的精准跨屏追踪,可以更优化、更科学地管理广告的跨屏投放,更好地管理整个市场传播预算,还可以实现精准的消费者沟通。

视频直播：兴起的现象级网络应用

文│安布思沛中国

　　互联网行业从来不缺新的应用，就好比微博之后微信横扫中国大地一样，网络视频在占据了许多网民的屏幕之后，视频直播又开始火了起来。直播的火爆之下，网红、企业、明星、电商都想方设法希望搭上"直播"的便车，也因此，许多人将2016年称为是中国网络直播的"元年"。

　　根据艾瑞的研究数据，2016年上半年，中国直播平台市场规模高达90亿元，整年的用户规模预计将达到3亿人，用户年增长率预计将超过30%。用户不断增长的背后是国内数百家直播平台的涌现，风险投资基金和BAT三巨头也纷纷押宝直播平台，并投入

资源加以扶持，这都告诉我们一个明确的信号：中国互联网的直播时代已经到来，视频直播将会井喷。

　　直播行业的爆发式成长主要有几方面的因素。首先，手机上网条件的不断优化使得用户观看直播成为可能。伴随4G时代的来临，2015年底国内3G/4G用户在移动用户中的渗透率达到60.1%，比前一年增长14.8%；我国手机网民规模达6.20亿人，在网民中渗透率达到90%。越来越多的公共场所开始提供免费Wi-Fi，这使得手机上网变得普及。

　　其次，智能手机的软硬件技术水平提升，也使直播平台可以提供多

样化、个性化的直播方式和内容，交互更加方便，互动感更强。此外，80后、90后成为互联网主流人群，他们追求更加新奇好玩的娱乐方式；而90后、00后新生代特有的弹幕文化与直播等形式可以天然地契合，可以说，直播符合新生代消费者爱玩求酷秀自己的需求。

谁在看直播？直播看什么？

根据艺恩咨询的研究数据，视频

直播的用户中男性仍然超过半数，占比55.5%，这个数字和视频网站以及整个中国网民的性别比例类似，但是直播用户中的女性增幅也十分迅速，值得关注。

80后、90后为视频直播的主力人群，数据显示，受众年龄主要分布在25-35岁的20世纪80、90年代出生的群体，占比69.5%。此外，视频直播的受众收入较高：家庭平均月收入在8001-15000元的受众占比最大（29.4%）；其次是5001-

整个2015年，国内的移动视频直播平台如雨后春笋般出现，映客、花椒、易直播为代表的APP让直播变得无处不在。

8000元（19.9%）和15001－20000元（18.4%）。

从地域上看，直播的用户分布仍以一线城市为主，北上广深及省会城市用户占比达73.1%，是目前直播的主要用户。由此可见，直播作为新生事物，比较贴近一二线城市的年轻人，而且一二线城市的网络条件要优于三四线城市。但不可忽视的是，网络正在缩短三四线城市和一二线城市的距离，这在过去一些互联网应用，如QQ和网络视频等方面也可以看到，因此可以预见，未来会有更多三四线城市的用户加入到视频直播用户之中。

在最受用户欢迎的直播内容方面，数据显示，用户最经常观看的视频直播是综艺节目和体育赛事直播，这和电视台最主要的直播类型一致，可以说即使屏幕换了、平台换了，人们收看直播内容的习惯没有变。

事实上，直播快速发展的同时，直播内容也在经历多元化的过程。最早的网络直播形式主要是秀场直播，也就是美女主播唱歌跳舞吸引粉丝，从而获得粉丝的打赏。过去一段时间，直播的内容从秀场直播开始，又延展出游戏直播、移动直播、泛娱乐"直播+"等几大类。

2005年，专注于陌生人视频社交的9158，从网络视频聊天室逐步发展为以美女主播为核心的秀场；同时，YY、六间房相继进军秀场直播领域。2014年，YY剥离游戏直播业务成立虎牙直播，同年斗鱼由A站独立，两者成为游戏直播最初的双龙头。2015年成立的龙珠、熊猫通过抢占赛事资源、挖角人气主播等方式快速抢占市场。整个2015年，国内的移动视频直播平台如雨后春笋般出现，映客、花椒、易直播为代表的APP让直播变得无处不在。

已经有了电视和视频网站，为何直播平台还能火？这反映出网络视频网站和电视的内容并不能满足年轻用户的长尾内容需求，尤其是基于兴趣爱好的深度内容消费。80后、90后兴趣爱好上升成为这些年轻人生活中非常重要的一部分，他们更愿意为兴趣爱好进行深度消费，网络直播平台上多元化的主播、网红和娱乐等内容使得他们更能找到符合自己兴趣的内容。

其次，直播平台满足了年轻受众的好奇心和探索欲。直播平台可以让用户得以光明正大地窥看他人，乃至明星的"真实生活"。满足了好奇心之外，80后、90后同时也对探索新知和社交生活相当渴望，透过直播平台可以算是他们对日常普通生活的一种拓展和延伸。另外，直播内容一般为比较轻松搞笑及简短的内容，比较适合在碎片时间观看，更加真实和轻松的内容使得观看者感到没有压力，成为年轻人一种很好的放松方式。

直播行业群雄逐鹿
行业尚待洗牌

直播行业的火爆，带来了大批新进入者，一时间国内涌现出数百家直播平台。其中，游戏直播平台成为最成熟的模式，映客等移动直播平台则为后起之秀，不甘示弱。

移动平台层出不穷的背后是资本的背书，除了各家风险投资机构押宝他们看好的移动平台之外，BAT为代表的国内互联网巨头也在积极通过投资入股等方式扶持和培养自己的直播平台。根据媒体报道，仅腾讯一家就已经投资入股了9家直播平台，其布局可谓是不遗余力。

根据第三方的数据，在一众直播平台当中，斗鱼为现在日活跃用户

数最高的直播平台。哈尼直播、一直播、NOW直播和美拍也拥有较高的用户数量。映客和花椒等2016年发展迅猛，也累积了超过500万的用户数。

但总体而言，国内的直播行业仍然处于群雄逐鹿的阶段，上百家平台同时存在的局面不太可能长时间维持，整个行业最终可能将不断集中，从而形成类似过去团购和网络点餐行业一样几家寡头竞争的局面。从未来发展来看，拥有强大流量输入的直播平台，尤其是获得BAT网络巨头支持的平台可能会占据竞争优势并胜出。

直播如何成为广告主的营销利器

视频直播的火爆在吸引了大量年轻用户之时，也受到了品牌广告主的密切关注，尤其是对于那些希望抓住年轻消费群体的广告主来说，思考和探索如何利用直播平台拉近和消费者的距离、传播品牌的信息成为了他们的头等大事。于是，我们看到直播被创新性地用到了一系列的品牌活动之中，并且其中不少获得了不小的成功。

2015年7月，跨界电商"菠萝蜜"率先尝试"电商+直播"的模

2015年7月，跨界电商"菠萝蜜"率先尝试"电商+直播"的模式，大大提高了用户在电商平台选购的参与度。

式，大大提高了用户在电商平台选购的参与度。此外，洋码头、聚美、淘宝也先后推出了一种新型的视频直播："直播+电商"的购物体验。天猫商城也十分看重直播这种形式，通过签约KOL资源的方式，将直播作为发展战略的重要组成部分。这种模式主要是通过网红主播在直播中推荐一些商品，引导观看者一边看直播一边买东西。实例证明，直播平台在互动性和购买转化率方面有着其他视频形式没有的优势。

直播平台在电商领域"小试牛刀"成功之后，更多大品牌正在加入其中。化妆品品牌美宝莲纽约近期的一次发布会也利用了直播方式。该品牌邀请了Angelababy及50名网红进行同步直播，在短短2小时就卖出1万支口红，转化销售额140多万元。

在另一活动中，魏晨空降聚美直播，出场5分钟，直播平台粉丝数突破200万。当他说起自己的护肤秘诀，他表示充足的睡眠最重要，加上菲诗小铺护肤品就是完美的结合。短短几分钟，刚上线聚美平台的菲诗小铺限量版气垫BB瞬间售空。而随着猜歌送礼物、红包大放送等互动游戏的进行，聚美直播在线观看人数突破500万人次，创历史新高。

品牌利用直播带来最明显的变化是，更多的明星加入到直播的行列，明星的加入也使得明星的粉丝们开始使用直播平台，这又带动了直播平台的火爆，并且吸引更多品牌进行

皇家加勒比海游轮邀请了喜欢刺激和挑战的年轻人，通过Periscope直播这些年轻人的加勒比海七天五岛冒险之旅，并将其中的精彩直播瞬间在纽约时代广场上播放，

合作。这样的循环过程，无疑将使直播成为所有广告主无法忽视的媒体形式。品牌原来所经常进行的新品发布会、代言人发布会等公关活动，也纷纷引入直播模式。

除了品牌参与的直播，一些主要的直播平台依托其庞大的用户群，也利用其广告位赚取收入，这些广告形式包括了传统Banner广告、直播推荐位、品牌专题页、内容植入等等。不过，这些广告形式的销售模式还处于比较初步的阶段，通常是广告主和各个直播平台单独谈判或者进行比稿，从而选择合作的对象。由于直播平台之间竞争激烈，一直有关于直播平台

用户数据造假刷量的传闻存在，这意味着广告主在其中投放广告时，得到的效果数据也可能包含不少水分。不过，未来这些平台也将会引入第三方监测机构和工具，为广告主提供更为客观公正的效果数据。

视频直播之所以能够吸引广告主的关注，原因在于相比传统网络视频其拥有的独特优势：更容易营造沉浸感，拉近与用户的距离，满足消费者的好奇心，并利用这些特性讲述品牌故事。

2016年5月28日，麦当劳首次使用Facebook Live直播庆祝美国的全民汉堡日，其直播内容是艺术感十

2016年5月28日，麦当劳首次使用Facebook Live直播庆祝美国的全民汉堡日。

足的画家一边作画一边兴奋解说汉堡的各个部分及绘画技巧，颇具艺术和趣味性。在另一个例子中，皇家加勒比海游轮邀请了喜欢刺激和挑战的年轻人，通过Periscope直播这些年轻人的加勒比海七天五岛冒险之旅，并将其中的精彩直播瞬间在纽约时代广场上播放，其目的是为了改变"千禧一代"年轻人心目中游轮旅游的刻板印象。2015年7月，美国通用电器公司利用无人机的独特视角对该公司位

2015年7月，美国通用电器公司利用无人机的独特视角对该公司位于东海岸到西海岸五个不同的前沿行业，如深海钻井、风力发电等设施进行了直播以及全面深度的介绍，以此将平时不为人所知的制造业以独特形式展现给普通观众。

于东海岸到西海岸五个不同的前沿行业，如深海钻井、风力发电等设施进行了直播以及全面深度的介绍，以此将平时不为人所知的制造业以独特形式展现给普通观众，拉近看似生硬的工业设备和普通观众的距离。

与之相比，国内的企业和品牌在利用视频平台进行市场营销时的手法仍显得较为单一，主要仍然是利用明星网红代言、活动直播等手法来展现企业形象，而缺乏上述兼具视觉冲击性、主体性和故事性的内容。不过我们相信，随着视频直播的不断发展与广告主的大胆尝试，更多新的创意和创新手法将会不断呈现，我们也会在国内的直播平台上看到更多令人印象深刻的内容，并且牢牢记住直播背后的品牌，毕竟视频直播才刚刚起步。

品牌商务逆势拯救商业街

文 | **Patricia McDonald**　安索帕英国首席战略官
Eric Fergusson　eCommera零售服务总监

2016年，英国著名连锁百货BHS黯然关张。如果将这个预示商业街步入寒冬的又一讯号再次归咎于线上电商的冲击，那就把问题想得太简单了。因为与此形成鲜明对比的是英国超市巨头Sainsbury's向零售商Argos发出收购邀约。Argos"当日下单，当日收货"的递送服务以及"网上订购，实体取货"的业务模型，再加上

其在商业街广泛的门店分布，一定令Sainsbury's对其心动不已。

近年来，类似的情形并不少见：不少零售大品牌淡出商业街；与此同时，亚马逊将斥资增设400家实体书店的传言不绝于耳；Birchbox、Zappos等在线品牌也纷纷试水线下业务；在线眼镜零售商Warby Parker目前已拥有31家线下门店，以仅次于苹

果的每平方英尺销售额跻身美国最卖座零售品牌之列。

可见，线上与线下的交织是零售业的必然趋势。从联网的实体店到虚拟的商业走廊，科技进步使得线上与线下的商业边界变得模糊。这一趋势赋予了实体店新的角色——从满足消费者需求和物流配送到提供品牌体验，实体店的"正确"角色会随品牌和地点而变化。

随着互联网拉近了消费者从获得灵感到达成交易之间的距离，不论我们身处何地，在接触到相关品牌内容的同时，也拥有了进行交易的能力，以往从品牌触动消费者到消费者下单购买之间的距离已经消失了，这就是"品牌商务（Brand Commerce）"。零售业未来的发展绝不是以牺牲实体商业为代价，而是借助品牌商务把线上与线下以更巧妙的方式交织起来，进而创造出更富价值的顾客体验。

品牌商务是零售业的未来

过去，消费者从被品牌触动到达成交易之间的距离相隔甚远，他们可能先是看到一段令其动心的品牌内容，但要经过一定时间才能达成实际购买。因此，品牌在以前只能期望创造出与消费者关联更紧密的品牌沟通，以便撑到消费者完成购买的那一刻。

如今的消费者生活在一个边界模糊的时代，众多新兴科技改变了内容与商务，购物和讲品牌故事的关系，科技也正在无限拉近消费者从获得灵感到达成交易之间原本遥远的距离。于是，购物不再只是一个短暂场景，

而是时刻都可能发生的事件。

几年前，美国技术专家Linda Stone提出"持续的局部注意力（Continuous Partial Attention）"概念，完美表达了如今人们渴望"持续与外界连接并持续被外界连接，让我们在任意时刻都能有效地搜寻机遇，并为最棒的机会、活动和联系人进行自我优化调整"。可以说，我们已经生活在一个持续局部购物的世界——在这个世界里，我们不断地评价、估值、筛选和探索。

这一转变由三大核心主题驱动：新期望——需求经济再进化；新叙事——影响力的民主化；新界面——隐形商务的崛起。

· 新期望：需求经济再进化

在这个持续进行着局部购物的世界，供应链因创新而进化得无比顺畅，物流将交付周期缩短到前所未有的程度，使得这一代消费者期望得到即时的愉悦感。消费者已经习惯网约车和约会交友软件带来的实时满足。

为应对这一变化，亚马逊和优步都在尝试由灵活劳动力驱动的新交付模型；以Doddle和Pass my Parcel为代表的初创包裹递送公司更是蓄势待发，精心推出了在各大城市间提供急速投递和退货服务的物流运营体系。与此同时，用机器人送货也不再是天方夜谭。

· 新叙事：影响力的民主化

内容的爆发性扩张和新兴影响源的崛起，意味着世界正不断为消费者提供灵感。以前，消费者需要主动寻找关于美食、时尚或旅行的灵感；如今，他们所订阅的社交媒体摘要里充斥着各种资讯内容，灵感会分分钟主动找到他们。据忠诚度分析公司Aimia的调研结果，66%的受访者表示自己会从社交媒体上获得时尚品类的购买灵感，而在餐饮品类中这个比例是58%。将这些灵感时刻变得可以购买，便是未来的商机所在。

不过，这个商机并不意味着品牌在屏幕上布满购买按钮，而是需要品牌以新的方式运用社交媒体内容，创造出个性化推荐和服务。例如服饰零售品牌TopShop就推出了一项全新服务：通过分析用户的Pinterest个人资料，为其提供个性化的配色方案和产品推荐。新兴旅游服务公司Sherpa也开始根据用户的Instagram摘要，推送定制化的旅行建议。Markable这样的App更进一步，它让用户只需用摄像头将服装拍下，就能运用图像识别技术实现一键购买，真正将现实世界中的消费灵感收入囊中。

· 新界面：隐形商务的崛起

在品牌商务时代，层出不穷的新技术正在不断成为接触消费者的新界面。几年前，免触支付（Contactless Payment）听起来还有点儿科幻，但现在我们已经准备迎接全新的界面概念——让支付和点单就像自拍或发送语音指令一样轻松。万事达和阿里巴巴已经为自拍支付铺好了路；亚马逊推出的语音识别助手Echo已经能够与旗下的会员增值计划Prime同步，用户仅凭语音识别就能对百万件商品轻松下单。根据百度首席科学家吴恩达（Andrew Ng）的预测，到2020年，基于图像或语音的搜索将占搜索总量的50%。

领先数字媒体代理商安索帕独有的创新实验室NowLab也在专注于探索零售新界面。NowLab一直在隐形商务的世界中试验，尝试搭建新界面，以不断扩展零售创新的边界。NowLab通过将Oculus Rift研发的虚拟现实（Virtual Reality，VR）科技与能够记录并解读脑电图的神经传感头盔Emotiv相结合，能在用户观看VR时装秀的同时监测用户的脑电波，根据其神经活动的峰值识别并筛选能够激发用户进行高度互动的产品。安索帕澳大利亚公司及安索帕日本团队在与优衣库的合作中，就运用了类似的科技手段，实现了基于消费者的脑电波活动为其推荐产品，他们运用交互技术的零售装置Perch，加上情绪识别应用编程接口，就能够识别目标消费者对不同内容和沟通的情绪反应。

此外，受到万事达的启发，

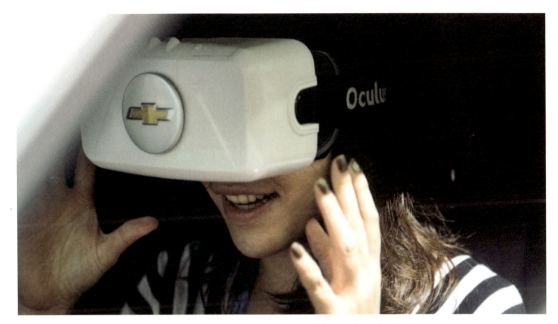

NowLab正在探索将支付技术与试衣镜结合的潜力，让用户能直接刷脸或仅凭一个微笑即能完成支付。

时刻在购物，时刻在讲故事

如今，消费者的可购买接触点不断延展，真正聪明的品牌会思考如何充分利用不动产，将其置于可购买接触点的整体组合中，作为相互连接、超乎想象、渠道多样的用户旅程的一部分。同时，诸如付费内容、社交商务和一键下单的科技手段还催生了一种趋势：购物不再是一种短时活动，而是一种时刻存在的状态。

品牌商务时代为品牌创造了两种机遇：在每个品牌接触点都能够实现购买；在每个零售接触点都可以讲述品牌故事。这不仅意味着交易将变得更轻松，购买按钮只是答案的一小部分，更意味着透过从购买到支付的每一个接触点传递出统一的品牌叙事。

那么，品牌如何才能在大浪淘沙的品牌商务时代的竞争中取胜？

1. 定义品牌行为

作为营销人，我们不厌其烦地讨论品牌理念和调性。在品牌商务时代，定义品牌行为与将这些行为在零售体验中落地，同样重要。

比如，一个推崇即刻满足的品牌与一个关于探索、新奇或群体的品牌，在行为上会有很大不同。雪佛兰澳大利亚公司意识到在购车者研究买车时为其提供更棒的零售体验是个不小的挑战，为此他们和安索帕澳大利亚公司携手开发了"CoDriver"——能令顾客在汽车展厅里用Oculus Rift头戴装置感受身临其境的VR试驾体验。

2. 思考在体验中的用户

有数据显示，41%的在线购物是以跨设备的形式完成的；与此同时，

84%的智能手机用户会在实体商店里使用手机。面对这些非线性的消费者旅程，我们必须从对单条用户"旅程"的优化转向对上百条潜在"旅程"的动态优化。这要求品牌能把程序化能力与体验设计巧妙结合，让用户通过一次浏览就能跨越渠道和设备。对此，品牌需要动态地理解用户当下的状态背景（情绪、地点、需求），从而在恰当时机提供最适合用户的体验。

试想一下，某位顾客于上班途中在报纸上看到了一个产品广告，然后在智能手机上浏览了品牌的网站，之后又在工作的台式电脑上在线下单并预约到

店取货。在整个顾客旅程中，从顾客的第一个接触点到最后的交易，品牌沟通和用户体验必须保持一致。

3. 接触点的组合玩法

理解用户当下的状态背景，还能帮助品牌将商务作为一种服务组合进行思考：在线下，品牌能够自如地存在于不同的接触点——从概念店到工厂店、再到自动贩卖机；在线上，从聊天机器人到虚拟展厅，品牌都能通过各种渠道实现销售。星巴克就在创造无缝体验方面投入了巨大精力，它让顾客通过移动端预定咖啡；同时推出概念

店，打造咖啡烹煮的艺术殿堂。星巴克对接触点的设计组合，不仅满足了更高效的快速消费需求，也为顾客提供了慢品细赏咖啡的丰富体验。

对接触点进行组合设计带给品牌带来的挑战是如何运用组合式思维，从而在利润、到达率、数据所有权和品牌体验等彼此竞争的商业元素中寻求平衡点。从这个思路出发，娇韵诗联手软件支持服务商eCommera开发了一套直面消费者、提供个性化体验的商业模式。新模式包含美容咨询平台，能够让用户在线定制专属美容套装，并为品牌抓取各种新型用户数据。此外，这个新模式还与娇韵诗现有的零售合作模式实现了对接，互为补充。

4. 业务与科技结合

品牌商务倡导的是将强劲的业务和科技路线图结合起来，以敏捷灵活的方式开发落地。不过，这可能需要巨额投资，因此对品牌而言，需要将这些项目进行拆解，再把商业影响、复杂程度绘制成能够体现短期回报和长期转型的发展路线图。这是品牌取胜至关重要的一环。

新鲜的科技手段固然诱人，但强劲的技术解决方案对品牌取得长期成功更为重要。在不断演进的商业领域中，能够推出强大的解决方案并对市场做出快速反应才是致胜关键。

5.故事才是联结品牌与消费者的纽带

　　新的市场环境为品牌主和代理商带来了值得思考的问题和机遇。

　　苹果公司的零售主管Angela Arhendts在Burberry任职期间曾表示："Burberry专卖店将数字世界变成现实体验……顾客走进大门的感受就如同打开了我们的网站。"当进入品牌网站的感受延展到就像步入实体商店，那么实体店里的大理石地板、昂贵的香薰、魅力十足的专业店员在数字世界中相对应的是什么？如何将品牌价值注入到在线的零售体验？要

回答这些问题，就会带来许多奇妙而有趣的技能碰撞，购物顾问与数据科学家就能够联手合作，视觉陈列师与用户体验设计师亦可协同并进。无论他们如何进行合作与协同，最重要的是，与消费者密切相关、始终如一的品牌故事总能驱动统一并具有竞争力的顾客体验。

　　正如美国著名作家Maya Angelou所说的："人们会忘记你所说的，人们会忘记你所做的，但人们永远不会忘记你带给他们的感觉。"因此，品牌与其希望实现对消费者的完美操控，不如尽心去寻求与消费者更为契合的情感联结，创造更具价值的消费者体验，从根本上拉近与消费者的距离。

户外广告的突破口：场景体验感

文 | 刘笃行　博视得中国首席执行官

随着媒体环境与传播市场经历了巨大的变迁与演化，当今媒体发展的趋势将经历裂变、重组，最终通过智能终端统合在一个数字平台上。

过去，我们谈及户外广告，最重要的三个字是location、location、还是location——地理位置。但是如今通过移动互联网，我们可以创造更多线上线下的突破，传统的户外广告将变成一个引流甚至交易的平台。一个全新的 O2O 传播生态系统处于线上与线下整合的过程中，这个"2"代表的就是我们大家，就

是实体平台。唯有通过这样一个户外的实体平台，才能将线上与线下串联起来。因此，未来户外广告有两个核心概念，一个是"场景"，一个是"体验"。

　　我们所说的营销中的"场景"，指的是消费者在具体现实环境中所具有的心理状态或需求。场景不同，则营销策略不同，需要因地制宜、因人而异，从而带出营销中的另一个概念即个性化的"体验"，如何去满足消费者的需求，并与之形成即时互动。在创造场景和体验的时候，有三个努力的方向，第一是数据和策划，第二是实时的户外媒介，第三是技术和创新。

移动大数据平台支持O2O生态

　　移动大数据将全力支持 O2O 的革新，蓬勃增长的移动互联网为户外数据的解决方案提供了可能，可被监测的户外数据将支持 O2O 的沟通革新。随着移

动互联网的高渗透，户外媒体与移动终端（手机）的自然联接，形成了全新的
O2O 营销传播生态系统。通过各种新技术，户外媒体和手机自然结盟，串联成
新营销场景中的闭环。

在这个过程中，媒体形式也得到了质的飞跃。从独立的媒体渠道，进化到
以移动互联为基础的 O2O 生态体系，各种媒体平台都希望通过智能终端设备找
到与消费者在现实生活即场景中的接触点。全球户外媒体领先企业博视得正在对
手机和各类大数据及相关技术进行运用和研究，力求帮助户外行业形成媒体价值
的评估标准，形成根据户外媒体的不同特征提供数据的研究体系，从而不但解决
户外媒体最基本的到达和频率问题，更从受众本位出发，研究不同目标人群在户
外场景下的媒体行为和媒体触达情况。

实时户外媒介构建消费者体验平台

　　户外媒体成为消费者体验平台，需要以下三个必备要素：媒体数字化——数字化户外媒体所占份额逐年增长，但我们需要突破技术壁垒，在零散的供应商和建造商中，做到真正的联网播控；技术互动化——各类新技术让媒体和消费者之间的双向互动成为可能，但如何将互动技术产品化、常态化是我们需要思考的问题；创意场景化——如何通过消费者大数据，对时间、空间和人充分理解和消化，创造符合消费者此时此情此景下最相关的内容。

　　随着数字经济时代的到来，DOOH（Digital 数字媒体 + OOH 户外媒体）模式已成为行业主流，OOH 正在从单一媒体属性转变为在现实生活场景中，消费者切实感知品牌的体验平台。通过数据、创意和技术，将线上信息和线下体验有机地联接起来，并通过场景营销触达目标消费者，以形成从告知、体验到转化的 O2O 营销闭环。

创新技术打造户外新奇体验

　　随着AR、VR、AI等技术成为营销领域热议的话题，人们也许忽略了一点：户外，是这些技术在很早以前最先被应用的领域。户外场景与空间的优势使得这一媒介更能捕捉行走中（比如上下班路上、出行途中、休闲娱乐）和碎片时间中（比如等电梯、等交通工具、等朋友）的消费者，也更容易与之形成互动，因为户外有着无限的创意空间。很早以前我们就听说过广告牌对人脸的识别，可以以此记录广告到达频次、可以拍照打印等；包括增强现实（AR）的技术概念在户外媒体中也不陌生，以及3D全息投影等这类打破视觉体验极限的技术，经常被应用在商场、机场、影院等沉浸式场景中。如何在时间、空间技术的催化之下，有效地识别适合的消费者，向其推送与其需求最为关联的内容，是户外创新沟通努力的方向。

　　以某家居零售商品牌为例，看看每个周末那里横躺竖卧、宾至如归的顾客，就知道它多年经营的场景营销是有效果的。该品牌还曾经在重庆途经其商场的地铁站及列车上营造家的空间感，使消费者置身其中体验其家居产品所带来的感受，在体验商品的同时推动了关注和购买兴趣，带动到店客流的增加。2016年9月，在上海从淮海路、瑞金一路到思南路街头这一运动达人的购物圣地，12个两米高的 "专注白人"悄然矗立，以自我专注的行为艺术来呈现adidas 潮流爆款Z.N.E Hoodie的专注态度，路人除了能感受到强烈的视觉冲击，还可以扫"专注白人"身后的二维码，观看并分享"专注故事"，了解产品信息，线上购买。这样的场景体验式营销达到了即时转化的效果。

随着户外媒体成为O2O营销闭环的重要平台，代理商应该如何转型成为根植于OOH线下场景的O2O营销传播专家？博视得成立了具备行业前瞻性的六大中心——商务发展中心、媒介交易和投资中心、整合战略策划中心、数据和商务

情报中心、创意中心和技术及制作中心，进一步加强公司在 O2O 营销环境中的资源配置优势与传播实力。六大中心以商务中心为核心，统筹公司内部资源，媒介中心通过夯实的落地及供应商管理能力确保业务顺利开展，其余四大中心在 O2O 传播的不同专业领域提供服务和支持。

数字时代的到来以及移动互联网的快速发展都给户外媒体行业带来了前所未有的发展前景。身处"大数据"时代，数字化已经渗透到生活、工作的方方面面，无论是品牌主的业务还是代理商自身的业务都发生了巨大的改变。我们需要探索新的方法来应对挑战，在内容上善用资源推陈出新，在技术上与不同的行业和企业建立开放的合作模式，在数据上持续构建大数据平台，将数据作为业务的核心能力之一进行投资和建设，从而实现互联网 + 时代的转型，提供更快速更卓越的整合营销传播服务，更有效地帮助品牌与消费者进行沟通。

时代在改变，户外媒体的角色也在改变，它不再只是单向的传播推广工具，而是成为体验的平台，甚至最终有可能成为销售渠道。从线下流量导入及转化到创建场景价值，从对终端受众精准触达到增强用户体验，户外广告在 O2O 的传播系统中被赋予了更多的角色，真正做到了切入消费者的日常生活轨道，通过互动与消费者产生关联。营销人员需要以精准有效的数据产品为基础，优化投放策略，整合最新技术推出与消费者需求最有关联的创新沟通形式，并为广告主带来实际的销售价值。在这个过程中，户外沟通的重点即"场景 + 体验"的模式，如何提供并创造与消费者关联度最高的场景，并从该场景中建立最佳的品牌体验是我们亟需解决的问题。

从全球广告支出预测
看区域动态及媒体趋势

文｜**凯络**

　　2016年9月，全球领先媒介代理公司凯络发布2016年和2017年"全球广告支出预测"，对全球广告市场前景维持了乐观的态度。2016年的一些高关注媒体事件，包括欧洲杯足球锦标赛、里约奥运会与残奥会以及美国总统大选，促使全球整个广告市场继续呈现积极态势，报告预计2016全年全球广告支出增长230亿美元，总额将达5482亿美元，增幅达4.4%（图表1）。2017年，尽管个别市场将由于经济波动造成广告支出稍有下滑，但预计全球广告支出增长势头依然旺盛，有望达到5704亿美元,同比增长4.0%。

凯络"全球广告支出预测"基于来自美洲、亚太、欧洲、中东及非洲59个市场的数据,预测值根据上一年的实际数据得出,本次报告的最新预测值是针对2016年和2017年的全球广告支出。

放眼全球,凯络指出数字媒体是广告支出持续增长最核心的驱动力。2016年,全球数字媒体继续保持15.6%的两位数增长率,2017年的增长率将为13.6%。2016年,移动媒体、在线视频、社交媒体吸引越来越多的广告投资,受此推动,数字媒体仍然是59个市场中13个市场的首选媒体形式。随着人们对数字媒体的高度需求,凯络预计2016年数字媒体广告支出占全球广告支出总额的27.7%;2017年,数字媒体广告支出将继续领跑全球广告支出市场增长,再次成为全球广告支出市场的佼佼者,实现201亿美元的增长,总额将达1682亿美元,增幅达13.6%,相当

2016年的一些高关注媒体事件,包括欧洲杯足球锦标赛、里约奥运会与残奥会以及美国总统大选,促使全球整个广告市场继续呈现积极态势,报告预计2016全年全球广告支出增长230亿美元,总额将达5482亿美元,增幅达4.4%。

图表1: 2016年和2017年"全球广告支出预测"

	同比年增长率/%	
	2016年预计	2017年预计
全球	**4.4 (4.5)**	**4.0 (4.5)**
北美洲	**5.0 (4.6)**	**3.8 (4.0)**
美国	5.0 (4.7)	3.8 (4.0)
加拿大	3.0 (3.0)	3.0 (3.0)
西欧	**2.9 (3.1)**	**2.7 (3.1)**
英国	5.4 (6.2)	4.6 (5.7)
德国	2.3 (1.8)	2.1 (1.7)
法国	0.9 (0.6)	1.2 (1.0)
意大利	1.3 (1.2)	0.8 (0.9)
西班牙	5.0 (5.3)	4.4 (4.6)
中欧和东欧	**4.7 (2.2)**	**5.5 (4.0)**
俄罗斯	6.2 (0.2)	5.2 (3.5)
亚太地区	**3.9 (4.4)**	**4.2 (4.7)**
澳大利亚	5.4 (2.5)	4.5 (2.3)
中国	5.7 (5.8)	5.5 (5.7)
印度	12.0 (12.0)	13.9 (13.9)
日本	1.8 (1.8)	1.2 (1.1)
拉丁美洲	**10.0 (10.5)**	**9.8 (12.1)**
巴西	4.8 (6.8)	4.5 (8.4)

●括号内数据是2016年3月份发布的预测值

于广告支出增量总额的90%以上，并可填补纸质广告的亏损额。

对凯络发布的最新广告支出预测，电通安吉斯集团全球首席执行官Jerry Buhlmann认为，最新预测显示了全球广告支出的积极发展势头及乐观预期。此外，数字媒体比全球广告媒体增速快三倍的事实，再一次证明了其无可比拟的推动力。由于数字经济给社会带来了复杂性、急速变革和颠覆，因而只有通过数字媒体，各大品牌才能在完全直接并具备实时性的基础上，建立同消费者的互动并保持与受众的关联度。

一、区域动态

本次凯络媒体"全球广告支出预测"报告显示，2016年全球大部分地区的广告支出均实现增长（图表1），尤其是北美地区广告支出实现强劲增长（增幅5.0%），俄罗斯广告市场得以复兴（增幅6.2%），反击了部分市场的较低期望值。此外，中欧和东欧广告市场持续复苏（增幅4.7%），英国和西班牙的广告支出呈现平稳增长，而中国和巴西的广告市场预测值则偏低。

2016年，北美地区广告支出继续呈现上升趋势，预计增长5.0%，超过4.4%的全球预计增幅，有望达到2133亿美元，占全球广告支出总额的38.9%。美国的广告支出依然表现乐观，仅总统大选预计就能带来75亿美元的广告增量消费额，预测增幅为5.0%。2017年，虽然没有重大媒体活动，但美国广告市场仍然将保持积极发展势头，预计同比平稳增长3.8%。

在西欧市场，预计广告支出增长较为平稳，2016年增幅为2.9%，2017年为2.7%。虽然最新数据相比2016年3月发布的预测数据有所下调，但对西欧广告市场的预期仍然良好，2016年广告支出有望达到944亿美元。尽管英国在脱离欧盟公投之后，广告支出增速有所减缓，但仍是西欧最大的广告市场，2016年预计增长5.4%，超过西欧地区平均增幅。

亚太地区2016年广告增幅仍将保持强劲势头，实现3.9%的增长；2017年，预计该地区整体发展良好，以4.2%的增幅平稳增长。总体而言，各地区情况各异导致对亚太地区的预测较为复杂，印度（12.0%）、越南（10.6%）市场呈现两位数增长，菲律宾（9.9%）、澳大利亚（5.4%）亦表现不俗，但中国香港（－11.8%）、中国台湾（－7.6%）和泰国（－5.2%）则出现了下滑。

对中欧和东欧地区的预测表明，2016年，该地区广告市场会恢复增长态势，广告支出实现4.7%的稳健增长；2017年的增幅预计达到5.5%，呈现"V型"反弹势头。该地区令人鼓舞的广告市场前景主要受益于俄罗斯广告市场的稳定性，从而使得该地区的最新预测数据超出了2016年3月的预测值（分别是2.2%和4.0%）。

由于巴西国内政治动荡、面临经济危机，从而影响了拉丁美洲地区的广告支出，但2016年里约奥运会和残奥会预计将带动该地区2016年电视广告的强劲增长，从而推动该地区的广告支出。

2016年，中东和北非地区的广告支出有望增长1.2%，2017年增长2.0%。由于地区内部的经济和政治危机，所以整体增幅较小，呈个位数增长。

中国是全球第二大广告市场，有望在2016年实现818亿美元的广告支出。多年来，中国经济呈现两位数增长，但随着中国进入经济新常态，广告支出增长态势也趋于平缓和稳定，2016年的广告支出增幅为5.7%；预计2017年的广告支出增幅会在5.5%左右。

此外，中国广告市场的趋势还包括：

· 电视广告支出仍然占据中国市场广告总支出的大部分，预计2016年占所有媒体支出的53.4%，2017年达到51.2%。但是电视正面临着数字媒体的强烈冲击，加上增速放缓（2016年增长1.7%、2017年增长1.3%），自2010年起，电视在中国国内广告支出中的占比呈现下降趋势，每年以1%-2%的比例在下降。

· 在中国，数字媒体是第二大媒体形式，预计2016年数字媒体的广告支出将占所有广告媒体支出的25%，并且其增幅在2016年和2017年都呈现两位数，分别是25.9%和21.4%。

· 移动媒体是推进中国数字媒体整体广告支出增长的动力。2016年，中国智能手机用户将超过6.56亿，预计2016年移动媒体支出增长47.1%，2017年增长34.6%。凯络预计2017年的中国市场移动媒体广告支出在数字媒体整体支出中的占比将超过1/3，达到34%。

· 在线视频有望在2016年和2017年分别增长42.3%和34.5%，这归因于专业生产内容在市场上的成倍增长。

- 户外广告是中国市场的第三大媒体形式，2016年有望增加4.1%，2017年有望增加3.8%，地铁和机场建设是户外广告增长的主要推动力。
- 中国市场的纸质广告支出正在逐年下滑，2016年的报纸广告支出预计会减少14.9%，2017年减少16.2%；预计2016年的杂志广告支出将减少12.2%，2017年减少13.1%。

二、媒体趋势

凯络在本次发布的2016年和2017年"全球广告支出预测"中，强调了数字媒体的发展，指出数字媒体将会成为全球广告支出增长的驱动力。此外，电视、平面、广播以及户外和电影院广告支出也都呈现出不同的发展趋势（图表2、图表3）。

图表2：2015年、2016年全球主要媒体广告支出增幅

		全球同比年增长率／%	
		2016年预计	2017年预计
电视广告		3.0 (3.1)	2.3 (2.9)
报纸广告		-7.0 (-5.4)	-5.9 (-4.1)
杂志广告		-2.5 (-1.7)	-1.6 (-1.1)
广播广告		2.4 (2.2)	0.6 (0.7)
影院广告		4.5 (2.8)	4.6 (5.0)
户外广告		3.5 (3.4)	3.4 (3.8)
数字媒体广告		15.6 (15.0)	13.6 (13.6)

●括号内数据是2016年3月发布的预测值

图表3: 2016年、2017年全球主要媒体广告支出份额

		占全球广告支出百分比	
		2016年预计	2017年预计
电视广告		41.1 (41.4)	40.3 (40.7)
报纸广告		11.0 (11.2)	9.9 (10.3)
杂志广告		6.4 (6.5)	6.0 (6.1)
广播广告		6.4 (6.5)	6.2 (6.2)
影院广告		0.6 (0.5)	0.6 (0.5)
户外广告		6.9 (6.9)	6.8 (6.8)
数字媒体广告		27.7 (27.0)	30.2 (29.3)

● 括号内数据是2016年3月发布的预测值

　　2016年，全球数字媒体消费预计增加15.6%，2017年还将增加13.6%，达到1682亿美元。数字媒体涵盖搜索、展示广告、在线视频、社交媒体和移动媒体。2016年，数字媒体成为本报告所涵盖的59个市场中13个市场的首选媒体形式，包括澳大利亚、加拿大、丹麦、爱沙尼亚、法国、中国香港、匈牙利、爱尔兰、荷兰、新西兰、挪威、瑞典和英国，捷克和德国将于2017年上榜，2018年预计还会有中国台湾和立陶宛加入其中。

　　从全球角度看，数字媒体消费在2016年达到所有媒体消费的27.7%，2017年将达到30.2%。过去5年，全球数字媒体消费以平均2.5%的年增幅增长。如今，数字媒体在瑞典的消费份额最高，占54.5%；其次是英国的53.6%和丹麦的50.1%。2017年，澳大利亚和荷兰的数字媒体消费份额预计将会首次突破50%。

　　数字媒体的强劲发展反映出其对消费行为和购买决定的影响。如今，越来越多的消费者选择在线购物或者选择数字媒体帮助他们做出消费决定。凯络全球总裁Will Swayne认为："数字媒体及其产生的数据正在重新定义各大品牌和代理商对用户行为的理解，以及他们以更深刻的洞察、更高的敏捷性进入市场的能力。"

移动媒体、在线视频、社交媒体和程序化购买广告拉动了数字广告支出的快速增长（图表4、图表5）。

• 移动媒体依然是所有媒体形式中广告支出增长率最高的媒体形式，分别在2016年和2017年快速上升了48.8%和38.9%。这一增幅超过了2016年3月报告中的预测数据——2016年和2017年分别上升37.9%和30.1%。如今，移动媒体广告日益精湛、观众数据更加透明，越来越多的品牌选择移动媒体广告这种媒体形式吸引更多的时尚移动媒体一族。不仅如此，高投入、本地产品的广告对目标群体有更大的吸引力。

• 凯络预计全球社交媒体广告支出在2016年和2017年将实现两位数的增

图表4: 2016年、2017年全球数字媒体增长率

		全球数字媒体的同比增长率／%	
		2016年预计	2017年预计
展示广告（广告横幅）	🖼	12.4 (11.6)	9.6 (8.7)
在线视频	▶	41.3 (34.7)	32.8 (31.2)
社交媒体	💬	35.3 (29.8)	28.7 (25.2)
付费搜索	🔍	12.3 (10.6)	11.6 (10.3)
移动媒体	📶	48.8 (37.9)	38.9 (30.1)

●括号内数据是2016年3月发布的预测值

图表5: 2016年、2017年数字媒体占全球广告支出百分比

		数字媒体占全球广告支出*百分比	
		2016年预计	2017年预计
展示广告（广告横幅）**	🖼	8.1	8.5
在线视频**	▶	3.6	4.5
社交媒体**	💬	1.5	1.8
付费搜索**	🔍	12.5	13.4
移动媒体	📶	7.6	10.1

●*不包括数字广告支出尚未普及的市场
**包括台式电脑、移动媒体和平板电脑中出现的广告

社交平台能够源源不断地收集数据、为营销商提供市场分析、吸引消费者。

长，增幅达到35.3％和28.7％。越来越多的人使用移动媒体带动了一批社交和视频网站，脸书（Facebook）、Instagram、谷歌+、Youtube和推特（Twitter）占据了移动媒体广告支出的主要地位。社交平台能够源源不断地收集数据，为营销商提供市场分析，吸引消费者。自从脸书（Facebook）推出直播后，消费者们热衷于看直播，消费者数量是看录播人数的三倍。

• 预计2016年全球在线视频消费增幅达到41.3％，2017年达到32.8％。社交媒体和移动媒体的兴起拉动了在线视频广告支出。越来越多的品牌会在这一领域投入资金、在线发布视频、推广产品。在线视频和移动媒体的结合将越来越紧密，2016年，仅在美国就有超过1.17亿人在移动媒体设备上观看视频，2017年这一群体还会增加6％，达到1.24亿用户，Youtube将成为热门视频的首发网站。在线视频网站将吸引更多的广告商发布广告信息、推广优质产品内容。

• 程序化购买广告支出在2016年和2017年有望快速增长，增幅分别为32％

程序化购买广告主要
是让广告商注意到一
些成本效率高、广告
效益好的节目。问题在
于，只有使用视频和社
交媒体才会得到更好
的成效。

和25%。程序化购买广告主要是让广告商注意到一些成本效率高、广告效益好的
节目。问题在于，只有使用视频和社交媒体才会得到更好的成效。由于印刷出版业
正在走下坡路，广告业正在采取保护品牌的最佳实践，选择私有市场化策略，不
仅是为了保护品牌而选择零售的渠道，而且是增加可量化的保护举措。

· 2016年，付费搜索占所有广告支出的12.5%，有望首次超过报纸的消费份
额。付费搜索广告支出有望在2016年和2017年分别增长12.3%和11.6%。付费搜索
是广告市场整体战略的重要组成部分，给营销商提供了更权威的消费者数据。随
着移动媒体的普及化，付费搜索将会越来越个性化、相关性强，能够进行定位、定
时和背景信息查询等等。

电视广告仍是全球媒体消费占比最大的媒体形式，2016年占41.1%，2017年
预计可达40.3%。与包括数字媒体在内的其他多样媒体形式相比，电视仍将是广

告商们的首选,但是在2010年达到消费份额峰值的44.0%之后,电视广告支出近5年来都在以每年0.5%的幅度缩减。2016年,全球举办了一些重大媒体活动,如欧洲杯、里约奥运会和残奥会、美国总统大选等,预计电视广告支出将增长3.0%。2017年,全球电视广告支出预计将以2.3%的平稳增幅上升。

全球范围内,平面媒体广告支出都面临着缩减趋势。报纸仍是继数字媒体和电视之后的第三大媒体形式,2016年,报纸广告支出占所有广告支出份额的11.0%。不过,自2008年以来,报纸的广告支出每年以超过1%的份额削减,2017年预计将减少到9.9%。

杂志广告支出同样面临缩减趋势。2016年,杂志广告支出的增幅较为缓慢,达到6.4%,到2017年预计将回落到6.0%。因为数字媒体的增加,传统纸质广告出版商,尤其是杂志越来越多地希望在各个平台扩大读者群体。

广播广告支出增长缓慢。广播的媒体优势在于成本效率和灵活性,2016年,预计广播的广告支出占总媒体消费份额的6.4%,2017年达到6.2%。不过,就增幅而言,广播广告支出在2016年的增幅较为缓慢,达到2.4%,2017年增幅预计将达到0.6%。

户外广告支出在2016年增幅较大,达到3.5%,2017年有望达到3.4%;2016年和2017年占广告总消费份额的6.9%和6.8%。随着科技的进步,公共空间和数据使用的数字转化会让户外数字媒体更能吸引广告商,以打造出更个性化和相关性更强的广告。此外,商业灵活性也让广告商们开始转向大银幕。在全球范围内,影院广告支出有望在2016年增长4.5%,2017年增长4.6%。

报纸仍是继数字媒体和电视之后的第三大媒体形式,2016年,报纸广告支出占所有广告支出份额的11.0%。

图书在版编目（CIP）数据

智汇·前瞻／电通安吉斯集团著．－－上海：学林出版社，2017.2

ISBN 978-7-5486-1185-1

Ⅰ．①智… Ⅱ．①电… Ⅲ．①品牌战略－案例－世界 Ⅳ．① F279.1

中国版本图书馆 CIP 数据核字（2017）第 028032 号

智汇·前瞻

著　　者——	电通安吉斯集团
责任编辑——	许钧伟
特约编辑——	陈　浩
装帧设计——	朱云雁　姚　毅
出　　版——	上海世纪出版股份有限公司学林出版社
	地　址：上海市钦州南路 81 号
	电话／传真：021-64515005
	网址：www.xuelinpress.com
发　　行——	上海世纪出版股份有限公司发行中心
	地　址：上海市福建中路 193 号
	网　址：www.ewen.co
印　　刷——	上海迷尔印务有限公司
开　　本——	787×1092　1/16
印　　张——	5
字　　数——	50 千字
版　　次——	2017 年 2 月第 1 版
	2017 年 2 月第 1 次印刷
书　　号——	ISBN 978-7-5486-1185-1 / G·443
定　　价——	36.00 元

（如发生印刷、装订质量问题，读者可向工厂调换）